「考えない時間」がいい仕事を生む!

頭を「空っぽ」にする技術

Meditation methods to succeed in business

藤井義彦

Nanaブックス

あまり急ぐと、幸運を逃すよ

――ケニアのことわざ

装丁／本文デザイン――井上祥邦（yockdesign）
ＤＴＰ――福原武志（エフ・クリエイト）
挿絵――若生ひとみ（ルビーデザイン）
編集協力――栗原貴子
校正――磯崎博史

はじめに

今、日本の社会は急激な変化をし続けています。三十年ほど前までは「有名な大学を出て、一流企業に勤めれば安泰」であったのに、最近では大企業、一流企業が倒産したり、経営破たんに陥ったりする現実を私たちは目の当たりにするようになりました。

私が三十代だったころは、自分の勤務先が倒産するなど、夢にも思っていませんでした。老後のことや「年金がもらえないかもしれない」などという不安を持つこともありませんでした。会社を、そして日本という国を誰もが信用していたのです。

けれど、会社や国を信じられなくなってしまった今、多くの人が「信じられるもの」を失い、途方に暮れています。なぜならば、日本人はあまりに素直に会社や国を信じて生きてきたからです。ひたすら会社のために働いていれば将来は安泰で、老後は国から年金をもらえる、と思えたから、会社や国の推奨するような人生を送っているだけで「何となく安心」と安穏としていられたのです。

しかし、今や私たちは**会社や国を盲信していては危険**だ、ということを知りました。

そこで、はたと気付きます。「ならば、どうやって生きていけばいいのだろうか？」と。

「滅私奉公」という言葉がありますが、私が三十代のころは、自分を殺して会社に尽くすことがよし、とされていました。私自身も、その典型でした。自分のことは後回しで、会社や仕事が最優先、という毎日でした。一見、つらい生き方のようですが、振り返ると、「会社、仕事を最優先」という軸ですべてのバランスが取れるわけですから、こんなにラクなことはなかったのです。

そんな社会では「自分」という軸を持っているほうが邪魔になります。ですから、私たち日本人の多くが「自分」を持たずに生きることを一つの人生モデルと考えてきました。将来を描くときも「有名大学を出て、一流企業に勤める」という目標がただただ肯定されてきました。

ところが、今やそんな目標は一笑に付される時代です。軸を自分の中ではなく、社会に合わせて生きてきたのに、突然、その軸が消失してしまったのですから。

そして、多くの人が自分のアイデンティティを失いました。

自分は何がしたいのか?

結局、「自分の中に軸を持つ」という教育がこれまでされてこなかったからです。自分の外側にある社会に自分を合わせて針路を取ってきた結果、「どうやって自分の軸を持てばいいのか」がわからなくなってしまったのだと思います。

自分はどう生きたいのか?

現代のような情報過多時代にあって、それを知るには、己を内省することが必要になります。けれど、その方法を学んでこなかった多くの日本人は「どうやって内省すればよいのか」がわからず、ただただ情報には右往左往するばかりです。

そこで、己を内省し、軸をしっかりと保つ方法をお伝えしようと、私は本書を執筆しました。そのヒントは、まず自分を「空っぽ」にすることにあります。

モノでギチギチに詰まってしまった机の引き出しを整理するためには、一度すべてをひっくり返して「空」にする、この方法が一番です。情報で振り回されている現代人にも、ぜひこの方法を身につけてもらいたいのです。

本書が、アイデンティティを見失いがちな現代をしなやかに生きるための一助になれば幸いです。

藤井義彦

頭を「空っぽ」にする技術　目次

はじめに……003

第1章
現代の若手ビジネスマンの置かれている状況を分析する

・先の見えない不安感、年齢とともに増してゆく責任……014
・失われてしまった「OFF」の時間……017
・悩める三十代に共通しているのは「揺らぎ」……019
・なぜ、「軸」が持てないのか？……023
・問題は「解決」しない限り、追いかけてくるもの……026
・「ネガティブ」な思考に「支配」されているのに「受け身」という矛盾……028
・人生の「軸」が定まれば、物ごとの優先順位も見えてくる……031
・「幸福な時代」のビジネスマンも、疲労困憊していた……033

・今も昔も働きすぎの日本人 ……035
・長時間労働も「軸」が定まらない原因の一つ ……037
・「軸」を作り、育てるためには「空っぽ」になる時間が不可欠 ……040

第2章

実践！「黙想力」で自分の「軸」を取り戻す

・一日たった十五分、眠る前に己に帰る ……044
・「黙想」を通じて見えてきた「問題解決の方法」 ……049
・「黙想」によって見えてきた「自分の本心」 ……052
・一人になる時間の大切さ ……054
・なぜ、「自分の軸」が必要なのか？ ……055
・たどり着いた効果的な「黙想」のやり方 ……057
・「褒める」、「認める」ことの大切さ ……064
・なぜ、「黙想」がよい変化をもたらすのか？ ……066

・「黙想」で知った「日々の重要性」……069
・ときには「問題を解決しない」ことも大切……072

第3章

「黙想」によって「運」がよくなる!

・なぜ、「運がよくなった」と実感できるのか?……076
・「精神的な余裕」によって広がるもの……079
・好機を逃さないようになる……082
・成功が成功を呼び、自分自身を強くする……084
・とりあえず、「信じてみる」ことの大切さ……086
・「難題」「障害」に遭遇しても「前向き」でいられる……089
・「軸」を持てば「問題の本質」が見えてくる……091
・「黙想」で気付く「やりたいこと」と「やるべきこと」……096

第4章

「黙想」から「瞑想」へ

・「瞑想」との出合い……100
・「黙想」は内省、「瞑想」は開眼……102
・「黙想」は表層意識、「瞑想」は純粋意識……104
・眠っていた「能力」が目を覚ます……108
・夜型から朝型へ……110
・眠れない夜も楽しめるように……112
・「どうでもよくなる」ことの「強さ」……114
・ヘッドハンターからの誘い……116
・自分を「騙していられない」とビジネススクール留学を決意……119
・「望む人生」が明確になる……121
・「望む人生」への思い込み……123

第5章

ビジネスマンにこそ体験してもらいたい「瞑想」の素晴らしさ

・藤井式瞑想術のススメ ……128
・「雑念を流す」ことが瞑想のコツ ……133
・雑念が流せない日もある ……135
・よりよい環境で瞑想する ……136
・「変化」を期待しない ……137
・理想は一日二回。無理なときは一回でもＯＫ ……139
・「瞑想」を始めたら気を付けたい、「変化」とのバランス ……140
・「空っぽ」になる心地よさ ……144
・ヴィジョンに振り回されない ……145
・アイディアの活かし方 ……147

第6章

ビジネスマンとして得られた「瞑想」の効果

・「瞑想」が自分の可能性を開く理由とは？ ……152
・「TM瞑想法」について ……154
・多くの人を驚かす「リラックス感」 ……156
・リラックスしていることこそ、仕事の幸運を招くもの ……159
・「若返り」「健康維持」というメリット ……162
・「ラッキー」と「アンラッキー」のとらえ方 ……164
・「瞑想」と「ストレス」の関係 ……165
・「瞑想」とうまく付き合うために ……167
・「瞑想」のある暮らし ……169

参考文献……174

第１章

現代の若手ビジネスマンの置かれている状況を分析する

先の見えない不安感、年齢とともに増してゆく責任

コーチングや仕事を通じて、三十代の人たちと接するたびに、

「今の三十代は、私が三十代だった頃と比べて、なんと大変な時代を生きているのだろう」と感じています。

とくに、三十五歳前後の男性は大変な状況に置かれているように見えます。彼らは年長者の私から見ると、心身の疲労感が強く、元気がない。そして、思考がマイナスに偏りやすいように思うのです。

三十五歳くらいというと、仕事では責任あるポジションに就き始め、部下を統率しなくてはいけない年代です。

しかし、今の三十五歳を取り巻く状況はあまりにも厳しい。

「目の前の仕事、今の生活に追われる日々です」

「先のことを考える余裕がありません」

「家族を養う自信がないので、結婚など考えられません」

という声をよく耳にします。

私が三十五歳だった頃には、想像もしなかった嘆きの声です。

これから、頑張ってゆかなくてはならない世代が、こんなに疲弊しきっていたら、この国の未来はどうなっていくのだろうか？　そんなことすら考えてしまいます。

また、三十代の女性についても大変な状況は変わらないと思います。男女雇用機会均等法の施行により、自分の主体性を確立したいと、この世代の女性は大変な努力をしてきました。

しかし、男性に交じって懸命な努力をしつつ、家庭を持ったり、維持したりするのは、現代では至難の業でしょうし、未婚女性であれば、パートナーを探すことにも注力しなければならない。もし結婚をしたとしてもやはり仕事と家庭や子育てとの間で非常に苦しむことになる世代だと思います。

もちろん、私たちの世代が次世代に押し付けてしまった「負の遺産」が、現代の三十代の人たちを苦しめていることも承知しています。

けれど、それを悔い、謝罪をしたところで、状況は変わらない。だとすれば、私にできることは、今の若い人たちが、よりよい人生を歩めるようにアドバイスを贈ることだと思うのです。

私は今の人たちに比べると、恵まれた時代に三十代を過ごしたとはいえ、それなりに苦しいこと、つらいことがありました。

私の時代は経済が成長し続けていましたので、将来的に夢は描けたものの、それでも仕事のプレッシャーはかなりありました。

だから、経済的な不安と同時に仕事のプレッシャーを感じている、今の若い人たちがどれだけ苦しいか、想像することができます。そして、あまりにも過酷な状況に置かれていると思うのです。

加えて、現代はあまりに忙しすぎます。かつては、海外との連絡には「時間とお金がかかるもの」でしたし、電話をした相手が外出していれば、帰社を待つしかありませんでした。ファックスが登場するまでは、書類は「郵送」ないしは「持参」が当たり前でしたし、ファックスが普及してからも、大きいサイズの書類や枚数が多い場合は、郵送や持参していたものです。

ところが、インターネットが普及した今、海外との連絡もメールでできてしまいます。ほとんどの書類もメールでやりとりできますし、夜九時に都内で発送した宅配便が、翌日の午前中に大阪に届いてしまいます。

世の中の全てが高速化しているように感じます。その高速化はもちろん、仕事にも及び、何よりも「速さ」が求められる時代となりました。

しかし、**一日二十四時間というのは、三十年前も今も変わりません**。三十年前に比べて人間が倍速で歩けるようになっているわけではありませんから、求められている仕事の高速化を実現するには、長時間、働くしか方法はありません。

プレッシャーが増し、仕事に高速化も求められる。そんな**現代に生きる若手ビジネスマンの頭の中はもはやパンク寸前**のはずです。

失われてしまった「ＯＦＦ」の時間

高速化した社会は、私たちの生活から、「ＯＦＦ」の時間を奪ってしまったと思います。

休暇や休日をのんびり過ごす、という意味の「ＯＦＦ」はもちろんのこと、仕事と仕事の合間の、ちょっとした息抜きの時間や、何も考えずに「ボーっと」する、そんなＯＦＦすら現代の若手ビジネスマンは持てなくなってきています。

また、一日のうちで、仕事とプライベートタイムの区切りとなるＯＦＦの時間すら、多くの人は持てないというのが現実ではないでしょうか。

長年、仕事をしてきて実感しているのは、**アイディアやチャンスは、それらＯＦＦの時間から生まれる、ということ**です。ボーっとしているときに、ふとアイディアが頭に浮かんだり、ＯＦＦの時間に手にした趣味の本からヒントを得たり。そういうことが、机の上でうんうん考えているよりも多々、起こるものです。

また、**バリバリと仕事をしているからこそ、休日や休暇を満喫してリフレッシュするというメリハリが大切になる**もの。しっかり休み、たっぷり遊んだ休暇明けは、仕事がものすごくはかどるし、楽しく感じます。また、多少多忙が続いてもＯＦＦを満喫できる予定があれば、それを励みに頑張ることもできるものです。

ＯＮとＯＦＦは、一見、相反するもののようですが、実際には表裏一体。

よく定年退職した後に抜け殻のようになってしまうという人もいますが、恐らく「ずっとＯＦＦ」の状態になってしまったことで生活にメリハリを欠いてしまうからだと思います。忙しい毎日があるからこそ、旅行やレジャーが楽しいのであって、「いつでも、旅行できる」という状態になってしまうと、案外、旅行になど行きたいと思わないものなのかもしれません。

結局、うまくＯＦＦの時間を持てる人こそ、中身の濃いＯＮの時間を持てるのです。

そして、繰り返しになりますが、苦しい時代に生きる昨今の三十代の人たちは、「ＯＦＦの時間が絶望的に足りていない」と感じます。

悩める三十代に共通しているのは「揺らぎ」

こういった「ＯＦＦ」が持てない、持ちにくい時代に、三十代という人生の重大な年齢を迎えているわけですから、心身の疲労やストレスもかなりのものだと思います。そして、この時代にがんばっている彼らと接する機会から、その年代の人たちにはある共通点があることに気付きました。

それは、**「自分の軸が定まっていない」**というものです。

「そんなの当たり前だ。社会がこれだけ不安定な状況で、どうやって自分の軸なんか定めればいいのだ」

という反論をお持ちの方もいらっしゃるでしょう。

その反論はもっともだと思います。

けれど、年長者の私から見ると、現代の厳しさを差し引いても、今の若い人たちは「精神的にもろい」と感じることが多々、あるのです。

平和な時代に生まれ育ったこと。

貧しさ、というものを経験せずに成長してきたこと。

核家族になり、兄弟姉妹の数が減り、専業主婦の母親からたっぷりと時間と愛情をかけて育てられたこと。

それだけでも、私たちが育った時代と大きく違います。

私の時代は、「育ててもらう」という余裕のまったくない時代でした。

子どもは自分で育たなくてはならなかった。どこの家庭も豊かではなく、子どもの人数も多かったので、モジモジしていたらご飯も食べ損ねてしまう。空腹を訴えたら「食べ損ねたアンタが悪い」と叱られるだけですから、「育つ」ことに必死だった時代でした。

このような環境が、自然と精神的な強さを培うことになったのでしょう。

だから、貧しさからの脱却を目指して、高度経済成長を成し遂げられた。

「貧しいこと」を実感していたから、誰もが「豊かになりたい」と強く願っていた。それは、現実に貧困を経験したからこそその、バイタリティなのだと思うのです。


しかし、今の三十代は、生まれながらにして「平和」で「豊か」な環境で育っています。

「それほど、裕福な環境ではなかったし、進学や就職も大変だった」と感じる方もいることでしょうが、社会全体は平和、かつ豊かなときに生まれた方がほとんどでしょう。


経済成長も目覚ましかった時代です。それが社会に出るころから、雲行きが怪しくなり、社会人になってから経済状況はどんどん悪化していった。

こんな状況ならば、どう対処したらいいのか、わからないのも無理はありません。

結局、この戸惑いが、心の「揺らぎ」の原因になっているのだと私は思います。

どのようにこの先生きてゆけばいいのかがわからない。これまで自分や自分の親たちが生きてきた経験がまったく参考にならない。それどころか、「目先のことですら、どうしたらいいのか」すらわからない。だから、自分の「軸」が定まらない。軸が定まらないから迷い、悩んでしまう。しかも仕事ではスピードや成果をつねに求められ続ける、そんな悪循環に陥っているのだと感じるのです。

たとえば、川面などに揺らぐ水草を思い浮かべてみてください。

パッと見た印象では、水の流れに揺られてユラユラ動いています。けれど、その根はしっかりと張られている。だから、決して流されることはない。**自分の根がしっかり張られているから、ユラユラと水の流れに身を任せることができる。**

これは、私たち人間にも当てはまることだと思うのです。

めまぐるしく変わる社会情勢や経済状況に、柔軟に対処することは必要です。むしろ、柔軟に対処できるか否か？　が問われている時代なのだと思います。

でも、**「変化に柔軟に対応はしても、決して流されない」という自信、確固たる軸を持っていれば、苦しみは軽くなり、前向きに未来を見据えることができる**のではないかと私は思うのです。

なぜ、「軸」が持てないのか？

ここで、「軸」が持てない理由をもう少しだけ考えてみましょう。

理由は二つ、考えられます。

一つ目は、「軸を持つ」という教育をされてこなかったから。平和で豊かな社会で育ち、手本となるべき当時の大人たちは、「年功を積めば昇進できる」という社会の仕組みの中で生きていました。つまり、今の三十代の人たちは、ある意味、エスカレーター式の人生を送る大人を「見て」育ったわけです。

また、そういった大人たちの時代には横並びで成長し、出る杭は打たれる、というような価値観が「善し」とされてきましたから、「自分の力で何かをしよう」という発想に現代の若者たちがなかなか転換できないのも当然です。

学校教育でも、発想力を伸ばす教育がもともとされていないため、「自分で考える力」を発揮できない人が多いようにも感じます。

例えば、欧米では、メディアの報道を受けて「自分なりに解釈をする」という教育がされていますが、日本ではそうした教育がまったくされていません。そのため、日本人はメディア報道を鵜呑みにするという、よく言えば素直な、悪く言えばメディアにコントロールされやすい国民性である、と言われています。

横並びで成長できた時代は、「素直であること」が大切でした。

しかし、現代のようにネットが百花繚乱の情報化社会では「コントロールされやすい」ということが悪く作用しているのではないか？ と思えてなりません。

こういった状況ならば、なかなか自分の「軸」が持てなくて当然です。

だから、社会情勢と一緒になってオロオロし、「世界同時不況だ」という報道に絶望感を募らせてしまうのではないか、と思うのです。

そして、軸の持てない二つ目の理由は先に触れた「ＯＦＦの時間」が絶望的に足りていない、ということ。

ＯＦＦの時間は、人間にとって「インプット」が容易にできる「余裕」のひと時でもあります。さまざまな情報を吸収しやすい時間なのです。ＯＦＦの時間にインプットされることは、趣味の世界だったり、娯楽だったりと、仕事とはかけ離れていることであったとしても、よい刺激となります。何よりも、ＯＦＦの時間はリフレッシュができる、というメリットがあります。そして、ＯＦＦの時間にインプットしたことは、自分の中で肥やしとなり、「軸」をしっかりと育ててゆく、という役割も果たしてくれます。**大人にとってＯＦＦの時間はリフレッシュと同時に、成長のための大事な栄養素でもある**のです。

現在注目を浴びている、大手外食産業のＣＥＯは**「どんなに忙しくても、一日二時間の空白の時間」**を持ち、**「一人になって仕事の中身を検証したり、整理する時間を持つ」**とあるインタビューで言い切っています。

今、あなたは「一日二時間の空白の時間」を持つことができますか？

恐らく、「できない」方がほとんどでしょう。

仮に持てたとしても、「通勤電車（しかも満員）の中でなら……」、「トイレやお風呂や食事とか、全部足せば二時間ぐらいはなんとか」という方もいるかも知れません。

でも、それはＯＦＦとはいえませんよね？

そう、**ＯＦＦとはつまり「自分の時間」**です。こうした時間を持つことができれば、現代社会を取り巻く過酷な状況に巻き込まれるのではなく、冷静に客観的に見つめることができるようになるはずです。

問題は「解決」しない限り、追いかけてくるもの

三十代の人たちと接していて気がついた、もう一つの共通点があります。

「人間関係がうまくいかなくて、転職しようと思います（転職しました）」

という報告を三十代の人から受けることが多いのです。

てっきり、いろいろな解決方法を試した結果、どうにもならなくて転職を決意したのかと思い、よくよく話を聞くと、そうではないのです。

何の解決方法も試さずに、転職しているのです。

厳しい言い方ですが、これは「転職」したというより単に「逃げた」と言えるのではないでしょうか。

「うまくいかなかった」という「人間関係」も、「その程度で？」というぐらい、些細なものだったりします。第三者の目から見ると、明らかな誤解であったり、コミュニケーション不足による問題ばかりで、「もう少し、話し合えばなんとかなったはず」という事例が目立つ。

転職に限らず、彼らには「問題があると逃げる」という特性があるように思うのです。

そして「逃げた」ことを「解決した」と錯覚している。

でも、それは「問題解決」にはなっていません。

たとえるなら、火事場から「逃げた」だけ。だから、無事。でも、結局火は燃え続けているのと同じことです。

火事が起きたら、まず消火です。

無事、消火したら、出火の原因を調べます。

人生の問題も、火事と同じように対処するべきだと思うのです。**「なぜ、こんなことになったのか？」を検証しなくては、また、同じことを繰り返す**からです。

「人間関係がうまくいかなくて」と転職した人は、同じ理由で転職を重ねるようになります。なぜなら「人間関係でどうしてつまずくのか？」が見えていないからです。

問題は「解決」しない限り、いつまでも追いかけてきます。

そのことをあまり深く考えずに、当座の苦しみから逃れようとする、そういう傾向が三十代の人たちに共通していると感じるのです。

ここでも私はＯＦＦの時間を持っているか、いないかが鍵となると思っています。

「逃げて、問題解決と錯覚する」

ということを繰り返していたら、いつまでたっても自分の中に「軸」は出来上がりません。人間関係につまずくのは、不運だったということもありますが、その人自身にも少なからず原因があるものです。その原因を見つけ、対策を講じない限り、何度でも同じ問題を繰り返すのは当たり前です。

「自分の中に軸を作る」ということは、己を知る、ということです。

だから「軸がない」ということは、じつは人生でさまざまな問題を未解決のまま先送りすることと同じことなのです。

そして**「ＯＦＦの時間を作る」ということは、「軸」を持つために、必要なものを取り入れ、不要なものを見極めて捨てるという、大事な作業の時間**を持つということです。

「ネガティブ」な思考に「支配」されているのに「受け身」という矛盾

さらに、「三十代という若さがありながら、ネガティブな人が多いな」というのも、私の実感です。言い換えると「覇気がない」。

「どうせ、頑張ったって評価されない」という思いからなのか、言われた仕事だけを淡々とこなすだけ。「より好印象を与えるにはどうしたらいいか?」、「より効率的に仕事を進めるにはどうしたらいいか?」といったアイディアを出すこともない。それが、「覇気のなさ」として映るのかもしれません。

なぜ、最初から「評価されない」と決め付けているのか？　と不思議なのですが、それはネガティブ思考ゆえの発想なのだと思います。

物事には、必ずよい面と悪い面があります。

理想ばかりを追い求めたところで、現実の社会では通用しないことは私も知っていますが、それにしても、悪いことばかりを考えすぎている。

私はこれまでの自分の経験から、「ネガティブ思考はよくないことを引き寄せる」ことを実感しています。

言い換えれば、「ポジティブに考えることで、幸運や成果を引き寄せられる」ということです。

例えば、いつも笑顔でニコニコしているおばさんのいる店と、仏頂面で無愛想なおばさんのいる店があったとしたら。その両店では、同じ商品を同じ値段で売っているとしたら。どちらで買うでしょうか？　言うまでもなく前者のニコニコおばさんの店でしょう。

どうせなら、いい気分で買い物をしたいからです。

すると、同じ商品を同じ価格で売っていても、ニコニコおばさんのお店は繁盛します。結果的にニコニコおばさんは「商売繁盛」という幸運を引き寄せることになります。

これは、ビジネスだけでなく、人生のすべてに言えることだと思うのです。


ネガティブでありながら、かつ、受け身、というのでは、「いいこと」など起こらないのは当たり前です。ポジティブに能動的に動ける人に、幸運がすべて吸い寄せられてしまうのですから。

ネガティブであれば、幸運を実感する機会にも恵まれません。そして、なおさらに「自分はこのままでいいのだろうか？」という不安感に取り憑かれます。そのような状態では、やはり自分の「軸」が定まるはずはありません。

人生の「軸」が定まれば、物ごとの優先順位も見えてくる

少し長くなりましたが、三十代の人たちの苦悩の原因を私なりに分析してみました。そして、**こうした苦悩のために、優先順位を見失っている人たちが多い**ことも気になります。

モーレツサラリーマン、などと呼ばれた時代の会社員たちは、それこそ、会社と心中するような覚悟で働いていました。

そんな感じで腹をくくれたのは、未来の昇給・昇進を会社が約束してくれることを、信じられたからです。そこまでしてくれる会社に、自分の人生を捧げようと思えたからこそ、生涯、一つの会社で勤め上げることができたのです。

会社に身を捧げることで、生活が保障されるわけですから、仕事の優先順位は家庭よりも高く、家庭を顧みない父親がたくさんいました。

家庭を顧みないことの良し悪しはともかくとして、何の疑問も持たずに「仕事が大事」「会社が大事」と腹をくくれたわけですし、それが、自分の「軸」にもなっていた。

けれど、今の三十代は「会社が大事」、「仕事が大事」とは言い切れない時代を生きています。「仕事も家庭も大事だ」と言う人もいますが、そうはいっても、生活のためには仕事をしなくてはなりません。

そうなると、「今、やるべきこと」の優先順位がつけられなくなってきます。

仕事も家庭もつねに全力投球できればいいのですが、あいにく、人間はそこまで器用ではありません。けれど、「やらなくては」「頑張らなくては」というプレッシャーだけが強まってゆき、どちらにも全力投球できない不完全燃焼的な状態を引き起こしているように感じるのです。結果、やっぱり自分の「軸」を見失うことになる。

かつての父親たちが「軸」を持てたのは、社会環境的に恵まれていたからであって、男として立派だった、ということではないと思います。

「仕事優先」でも文句を言われない。むしろ、「それでこそ、男だ」と認められる時代に生きられた幸運な世代だっただけです。

男性であれ、女性であれ、かつての時代と同じようには、現代ではとても生きられません。

現代は、すべての人が自分で自分の「軸」を定めていかなくては、本当に生きにくい時代なのです。

「幸福な時代」のビジネスマンも、疲労困憊していた

私が三十代だった当時は、右肩上がりの経済成長の真っ只中、サラリーマンとしての人生も保障されていました。ですから、今の三十代のような「先行きの見えない不安感」を感じることはありませんでしたが、仕事によるストレスは相当なものでした。

今のようなＩＴ化は進んでおらず、アナログな仕事をしていたものの、時代は経済成長期。連日の接待により疲労しきった肉体は、いつもどこかしら不調を訴えていました。

自分のことよりも組織を優先するのは当たり前ですから、休暇を取るなどしてストレスを解消するという発想もなく、ただ、ひたすら働く毎日を過ごしていました。

私が三十三歳のとき勤務先の企業と、海外企業との合併と合弁会社設立のための代表者として、海外赴任をするという仕事を任されました。

一九七二年のことでした。

家族を日本に残し、単身赴任したものの、合弁会社設立の翌年、第四次中東戦争が勃発。

市況は衰退し、描いていたビジネスモデルはもろくも崩れさったのです。

幸か不幸か、この新規事業の赤字は最小限にとどまっていたものの、日本の本社はオイルショックの影響を受け、もっと悲惨な状況に陥っていました。

組織全体がダメージを受けている危機的状況を回避すべく、合弁会社は活動停止となり、一九七六年、私は帰国しました。その後、五年間、オイルショックの影響で危機的状況に陥った部署を立て直すために懸命に働きました。

今振り返ると、当時のサラリーマンも、世界情勢の影響を受け、突如、危機的状況に陥るという経験をしていたのです。


このときのストレスは相当なものでした。

ただ、当時と今を比較すると、現在は通信機器の発達により連絡が迅速になり、仕事のスピード化が進んでいる分、「即断、即決」を迫られ、ストレスが昔より格段に増えているかもしれません。とはいえ、危機的状況の只中にある、という苦しい時代はかつてのサラリーマンたちも経験してきたことなのです。

大きな違いは、かつてのサラリーマンたちは、明るい未来を信じられた、ということです。だから、どんなにつらくても頑張ることができた、と私自身の経験を振り返って思うのです。

今も昔も働きすぎの日本人

今、お話したように、明るい未来を信じて働くことができた私たちの時代であっても、ストレスやプレッシャーを抱えていました。私は一九七十年代に海外赴任した経験のほかにも、輸出に関わる仕事をしていたため、ビジネスでの海外経験が多いほうですが、いつも感じていたのは「邦人ビジネスマンは生産性が低いということと、労働の質より時間に重きを置いて働いている」ということでした。

例えば、「接待」。欧米でも「接待」のような意味合いの「お世話になっている人たちをおもてなしする」パーティが催されます。しかし、その内容は日本とはまったく異なります。

確かに欧米でもパーティの席で仕事に関する情報を得ることは多々あります。

それでも日本での「接待」とは趣を異にしますから、肩の力を抜いて出席することができます。つまり、パーティの席はＯＦＦとして楽しむことが許されるわけです。

しかし、日本では「接待はあくまで仕事」。

食事をしながら、お酒を飲みながら、ゴルフをしながら。一見、娯楽を楽しんでいるように見えますが、頭の中ではつねに様々な思考を張り巡らせていなくてはなりません。

これでは、疲れてしまうのも当然です。

バブル崩壊以降、接待も減少したと言われますが、それでもゼロにはなっていません。むしろ、交際費の削減により、「一度の接待で落とせ！」とばかりに、一回の接待にかかるプレッシャーは強くなっている、と言えるでしょう。

ほかにも、**「上司よりも先に帰ってはいけない雰囲気」、「残業をすることが努力の証し」というような「長時間、働いた人が偉い」という風潮が今も根付いています。**

経済状況の悪化という現実は、「世界同時不況」である今、欧米諸国も同じです。けれど、日本のビジネスマンほどには、彼らは追い詰められていません。

こうした状況を考えると、日本人の長すぎる労働時間が、肉体と精神を疲弊させているのだと思うのです。

そして、この長時間労働による疲労が、日本人ビジネスマンのストレスの源となっているのは言うまでもありません。

長時間労働も「軸」が定まらない原因の一つ

私自身のモーレツサラリーマン時代の経験からも、**長時間働く、ということの弊害は心身の疲労だけではなく、「軸が定まらない」ということにも影響している**と思います。

なぜならば、「自分自身のことを冷静に見つめる」時間が取れないからです。

当時の私も、まさにそうでした。

次から次へと押し寄せる仕事、目先の仕事に追われる日々を送らなくてはならない。今、みなさんを取り巻いている現実も同じだと思います。

こうした日常で、いったい、どうやって己を見つめることができるでしょうか？

目先のことに追われ、じっくり内省する時間が持てない日々を送っていると、しだいに「自分はこのままで、いいのだろうか？」という疑問が沸いてきます。

そんな疑問がわくのは、本能的に「このままではいけない」という危機感を覚えているからです。

けれど、仕事や現実は待ってはくれない。

結局、疑問を抱えながら、目先のことに追われる日々を続けることになってしまう。

育ってきた環境や時代から受けた影響もさることながら、「今、多忙である」という事実が、「軸を見失う」ことの大きな原因だと思うのです。

かつてのサラリーマンはそれでも、「会社を信じて頑張れば大丈夫だ」と信じることができました。会社に対する信頼感によって、「滅私奉公でも定年まで勤め上げる」ということを「軸」にすえることができたのだと思います。

けれど、今の時代、会社を心から信頼できる人などいないでしょう。

仕事柄、多くの経営者と接してきましたが、経営者自らも軸を持てずに右往左往しているのですから。

そんな彼らに、私は、私自身が実践して苦しい三十代を乗り越えることに成功した「黙想」を勧めてきました。私自身が「黙想」をすることによって、忙しさに流されて自分の軸を見失うことなく仕事をこなせた、と思っているからです。

「騙されたと思って試してみなさい。タダだから」

私にそう言われ、半信半疑で黙想を始めた人がほとんどですが、みな、**「内省できるようになった」、「時間や納期に追われている感覚から抜け出せた」**と口にするようになりました。ストレスや重圧が軽減したという人も少なくありません。

この**「黙想」はいうなれば、毎日のスケジュールに「空白」、つまり「空っぽの時間」「OFFの時間」をつくる行為**です。

一日二回。朝と晩にそれぞれ十五分ずつの「空白の時間」。トータルで三十分。

これならば、どんなに忙しい人でも捻出できるはずです。

そして、この時間を持つことによって、仕事をラクに効率的に進めることができるようになります。

もともと「軸」を鍛えてこなかった。そして、内省する時間すら持てぬまま、ひたすら走り続けて疲弊しきっている現代のビジネスマン。

それが、私が若い人たちに感じている印象です。

だからこそ、「黙想」によって内省する時間を作り「軸」を取り戻してほしい、と思うのです。

「軸」を作り、育てるためには「空っぽ」になる時間が不可欠

私が「黙想」を勧めるのには、私自身が「黙想」によって人生をより豊かに過ごせたという経験があるからです。加えて、忙しい現代社会では、「黙想」によって「頭を空にする時間」を意識的につくる必要がある、と強く感じているからです。

仕事の高速化が求められる中、一人あたりの仕事量も格段に増えていることでしょう。それに対応するには、長時間労働が必要となり、仕事モードのスイッチを長い時間「ＯＮ」にしていなければなりません。また、携帯電話の普及により、いつでもどこでも連絡が取れてしまうため、週末に家でゆっくり過ごしていても電話一本で「ＯＮ」に切り替えなくてはならないことも多々あります。

これでは、リラックスなどできるわけもありません。

携帯電話が普及し始めた頃は、「それでも、海外旅行に行けば電話も鳴らないし。リラックスできるから」と、仕事から逃れ、海外で休暇を楽しむことができたものですが、いまや、普段使っている携帯電話が普通に海外でも使える時代となってしまいました。
もはや、地球上のどこへでも仕事が追いかけてくることが可能となってしまったのです。
ところが、**「黙想」を通じて私が実感したのは、通信機器の発達による便利さではなく、むしろ「空っぽ」になることの大切さ**でした。

これは、**散らかった引き出しを整理整頓するのに、中身を一度全部出してから収納しなおすのがもっとも効率的であるのと同じ**です。人も**頭を空っぽにしてからのほうが、物事をスムーズに進めることができるし、考えも整理することができます**。

つまり、空っぽにする「OFF」の時間があるからこそ、「ON」のときに効率よく仕事ができるのです。ところが、現代では「OFF」の時間があまりにも少ない。

「週末？　この半年ぐらい、まともに休めたことはありませんね」
「OFFなんて、楽しんでいる余裕ないですよ」
という若い人の、なんと多いことでしょうか。

これでは、「軸」を持っていたとしても、何ごとにも揺らがないほどにその「軸」を逞《たくま》しく育てることなどできない、と思います。

だからこそ、変化が著しい現代社会で生き残ってゆくためにも、「黙想」をぜひ実践して欲しい、と思うのです。

第2章

実践！
「黙想力」で
自分の「軸」を
取り戻す

一日たった十五分、眠る前に己に帰る

一九七〇年代、私はがむしゃらに働くモーレツサラリーマンの一人でした。その当時は海外での合弁会社設立後、オイルショックの影響を受け、その事業を停止して日本に戻り、赤字に転落した同事業を立て直そうと躍起になっていました。

与えられた課題の大きさ、難しさに圧倒され、つねにストレスと戦う毎日でした。ストレスでいつもイライラとしている状態。加えて、つねに体のどこかの調子が悪い。でも、こうした現実から目を背け、懸命に働いていたものの「このままでは、何も成し遂げられない」という不安に襲われるようになってきました。

心身の疲労がつのり、いつしか私は

「この仕事をやり遂げるためには、今、私自身が抱えている心身の疲労をなんとかすることが先なのではないか？」

と、考えるようになっていたのです。

とりあえず、心身の疲労を解消するために運動やマッサージなどを試してみたけれど、

他者が外側から力を加えるこれらの方法では継続的な効果は得られませんでした。

そんなとき、私が思い出したのは、「太陽」でした。どういう訳か、小さい頃から朝昇ってくる太陽を見つめるのが大好きだったのです。そして朝の太陽を見つめながら、気が付くと、深呼吸をしている幼い自分の姿が思い出されてなりませんでした。

なぜ深呼吸をしていたのでしょうか？　それは、太陽というエネルギーのかたまりを見つめながら、深い呼吸をすると、何とも言えない爽やかな「気」が頭や体を巡るという事実を、子どもながらに発見していたからでした。

そうこうして、たどり着いたのが「黙想」だったのです。

溺れる者はなんとやら、といいますが、正直なところ「現状を変えるために、何かをしなくては」という焦りがありました。ですから、黙想を始めたときも「やるのはタダだ。効果のあるなしは関係ない」という思いでやってみたのです。

これが、その当時、私が実践した「黙想」です。

一日十分から十五分程度。

就寝前に、一人きりの時間を作る。

背筋を伸ばしてラクに座る。
目を閉じて、心を落ち着かせる。
その日あった「よかったこと」を思い浮かべる。

カトリックの学校に通っていたので、「黙想」には馴染みがありました。私が実践した「黙想」はカトリックの学校で習った方法を自己流にアレンジしたものでした。

「黙想」を始めた初日から、次々と色々な思考が浮かんできました。

「よかったこと」を思い浮かべようとしているのにもかかわらず、当初はネガティブな思考ばかりが浮かんできました。

今、抱えている仕事上の問題。
電話をかけなくてはいけない相手の顔。
振り込みや申し込み手続きといった、日常生活の雑事。

「これらは、私がやらなくてはいけないことだ」

と気付きましたが、思考が浮かぶままに流してゆきました。

「やらなくてはいけないけれど、やってないこと」が、私の中でストレスになっているのだ、と感じました。当時は、「何がストレスになっているのかすらわからない状態」でしたから、原因が見つかったことだけでも大きな前進でした。数分で終わるような雑事や手続きはすばやく済ませる、または誰かに頼むようにすることで頭の中から追い払うことに成功しました。そうやって、「黙想」を続けているうちに、「自分を疲れさせていること」が具体的になってきたので、それらを解決・処理することに目を向けるようにしました。

すると、しばらくして「その日にあったよかったこと」もちゃんと考えられるようになってきました。

小さな幸運。
小さな成功。
小さな喜び。

どんな些細なことでも「よかったこと」を思い浮かべることで、後ろ向きに

なりがちな思考を止めることができるようになる、と考えたからです。すると、私の日常には「よくない出来事」がある一方で、「よい出来事」もちゃんと存在することが見えてきました。ただ、**あまりにも心身が疲労していて、ストレスにまみれていたために思考がネガティブに偏ってしまい「よくない出来事」にばかり意識をとらわれていた、と気付いた**のです。

そんな風に「黙想」を続けていると、あるときからなんと「アイディア」まで浮かぶようになってきました。それまでは「○○しなくては」という思いばかり浮かんでいたのに、なぜか突然、「○○しよう」という前向きな思考が浮かんでくるようになったのです。

「あの案件は、○○さんを通じて処理したほうが、スムーズにいきそうだ」
「このプロジェクトは△△社に相談しよう」

不思議なことに、黙想のときに浮かんだアイディアを実行すると、仕事が順調に進むのです。

そして、これらのアイディアは会議の席上ではまったく浮かばないものだったのです。

それなのに、黙想をしているときは次から次へと浮かぶ。

仕事がうまく回り始めたことで、私は黙想をすることが楽しくなってきました。

そして、「今まで、与えられた課題をクリアすることばかりを考えてきた。それは、一方的に与えられた役割だから苦しかったんだ」と気付いたのです。

「黙想」を通じて見えてきた「問題解決の方法」

黙想を始めるようになってから、私は「いかに、自分の思考が乱れていたか」に気付きました。冷静に考えればわかるような「踏むべき手順」が見えていなかったのです。踏むべき手順を考えるまえに、気持ちの焦りから「目先のこと」のみに着手してしまい、結果的に余計な労力を使うことになったり、問題をこじらせていた、という事実がくっきりと見えてきました。


多くの仕事は「中期的目標」の連続で成り立っています。

それを分析すると、次のプロセスが欠かせません。

プロセス1

- いつまでに
- 何を
- どうやって
- 誰にやってもらうか

プロセス2

- 行動する（具体的に指示を出したり、依頼する）
- 実践する（依頼した人が実践したり、自分が実践する）

プロセス3

- 結果が出る

仕事のプロセス

◆プロセス1

・いつまでに
・何を
・どうやって
・誰にやってもらうか

↓

◆プロセス2

・行動する
（具体的な指示を出し、依頼をする）
・実践する
（依頼された人、もしくは本人が実践する）

↓

結　果

結果を出すには、これら一つひとつの「積み重ね」が重要

こんなシンプルなことは、私も頭では理解していました。けれど、あまりの忙しさに疲弊した心身ではそれが実行できていなかった。つまり、「行動が伴っていなかった」のです。

「プロセス１」など仕事の初歩です。ですが、初歩ゆえに自分を過信してしっかりと検証せずに「プロセス２」に着手していたり。その結果、「どうやって」や「誰に」をミスってしまい、仕事に支障を来していました。

こうしたことに気付くようになって、**「仕事は小さなことの積み重ねで結果が出る」という基本中の基本**を失念していたことに思い至ったのです。

「黙想」によって見えてきた「自分の本心」

大人になり、さまざまな責任や義務が増えてゆくことで、どうしても「自分の本心」を隠したり、偽ったりして暮らすようになってゆきます。

学生時代のように自由気ままには生きられないのは、社会人として当然のことですが、**気持ちを偽って生きていると、どんどん心が疲れてゆきます。**

けれど、社会人としての責任があるから、自分の思いに蓋をして生きなくてはならない。

「会社を辞めたい」

と思っていても、家族がいるのであれば、そう簡単に辞めるわけにはいきません。

「会社を辞めたい。でも、家族の生活を考えたら辞めるわけにはいかない」

と思うからです。

ここで、

「家族のために頑張ろう」

と自分の「軸」を定められたら、気持ちは楽になるものです。

けれど、自分の夢や目標を強く持っていたり、仕事のストレスが強すぎたりするとシンプルに「家族のため」と割り切ることも難しくなる。おのずと、板ばさみになってしまいます。当然、「軸」も定まらず、つねにぶれたままの毎日となります。

三十五歳前後の人たちの場合、「親の存在」もプレッシャーになっているように感じます。

「親を喜ばせたい」

「親を失望させてはいけない」

そういう思いから、仕事や結婚などの人生の重大な決定を下している人が目立つことが気になります。

親を喜ばせたいというのは、その人の本心なのだと思います。ただ、**「喜ばせたい」に縛られすぎて選んだことは、自分の本心とは逸《そ》れた道ではないか**とも思います。

こうした選択をしたのであれば、当然、自分の「軸」はぶれてきます。

「黙想」を始めたことで、私自身も「自分の中に矛盾があるから、軸が定まらないのだ」ということに気付いたのです。

一人になる時間の大切さ

「黙想」を通じて私が実感したもう一つのことは、**「一人きりで過ごす時間の大切さ」**でした。

会社に勤めていて、家族と同居しているという状況では、なかなかひとりで過ごす時間が作れないものです。私自身も「一人で過ごす時間が欲しい」と思う暇もないほどに激務に明けくれていて、「黙想」を始めるまではそんなことを考えたこともありませんでした。

なぜ、一人で過ごす時間が必要なのか？

それは、「自分を見つめる、内省する、という作業をするには完全に一人きりになることが必要だから」です。

「黙想」は自分が本当は「どうありたいのか?」を見つめなおす、ある意味、孤独な作業です。

家族の誰かが話しかけてくるような状況では、なかなか実践できません。とはいえ、

「自宅では一人になれる場所がない」

という人も多いことと思います。

そういう場合は、喫茶店などで試してみるとよいと思います。周囲に人はいるけれど、心理的には「孤独」な状態になれる場所です。

「風呂なら独りになれる」

という方も多いのですが、疲れきった状態で黙想をすると、睡魔に襲われてしまうことも多く、危険ですのであまりお勧めできません。

なぜ、「自分の軸」が必要なのか？

「何かが変わればもうけものだ」ぐらいの気持ちで始めた「黙想」が、予想以上に大きな

効果をもたらしたことに、私自身、驚きました。

そして、「なぜ、これほどまでに黙想で効果を得られるのか？」を考えるようになったのです。

黙想によって私が得たもの、を考えてみたところ「黙想によって、自分の信じる道」がはっきりとしていることに気付きました。一つの仕事を進めるにしても、それがどんなに些細なことであっても、

「この方法で間違いない」

と心の底から信じることができたのです。

人生はしばしば、道にたとえられます。

実際に目的地までの道に迷っているとき、私たちは不安になります。

「この道で合っているのだろうか？」

「もしかしたら、反対方向に向かって歩いているのではないか？」

「ちゃんと約束の時間までにたどり着けるのだろうか？」

同様に、人生の〝道〟も、しっかり歩いていることに自信が持てなければ、不安になるのは当たり前です。

黙想を始める以前の私は、こうした「不安」を抱えながら、仕事をしていたわけです。

「このやり方で成果が得られるのだろうか？」

「ちゃんと期限までにやり遂げられるのだろうか？」

ハラハラしながら毎日を過ごしているわけですから、イライラしたり、体調を悪くするのは当たり前です。

けれど、**黙想によって「この方法で間違いない」という自信、すなわち「軸」を持って仕事に向かうことができるようになった。**この私の「揺らぎない自信」が仕事を共にする同僚や部下、取引先にも伝わり、よい結果を出せるようになったのではないか……。そう気付いたのです。

自信を持って仕事を進めているわけですから、そこに迷いはありません。

ある日突然、考え方をコロッと変えて、部下や関係者を戸惑わせるようなこともない。

そういう私自身の変化が、周囲の人にも影響するようになったのです。

たどり着いた効果的な「黙想」のやり方

黙想を続け、小さな変化を実感し自信を持ちながら、私の黙想のやり方もブラッシュアップされてゆきました。
そして、完成したのが次の形です。

【時間・場所】

①黙想する時間は起床後と就寝前。
②時間はそれぞれ十五分が目安。
③静かにひとりになれる場所で、楽な姿勢でゆったりと座り、背筋はなるべく伸ばす。

【就寝前の黙想方法】

①ゆったりと大きく深く呼吸をする。十回ほど深呼吸を繰り返し「心が落ち着いてきたな」と感じたところで、その日、一日にあった「嫌なこと」を全部、思い返し、「呼吸と一緒に嫌なことを吐き出す」ようにイメージする。
②嫌なことを吐き出しきった、と感じたら、次は「一日をポジティブに振り返る」。楽し

かったこと、嬉しかったこと、我ながらよくやったと思えることなど、どんなに些細なことでもよいので一つずつ思い返す。呼吸はゆったり大きく続けたまま。

③「気分がよくなってきた」と感じたら、「ありがたい」「誰かに感謝したい」という思いを実感し、就寝する。

【起床後の黙想方法】

①トイレを済ませてから、ゆったりと座る。

②就寝前と同様に深呼吸を十回ほど繰り返す。

③リラックスしてきたら、「今日一日、やるべきこと」を思い浮かべる。今日やり遂げたい一日のゴールと、今手がけていることの大きなゴールを達成してゆくまでのプロセスをイメージする。

④将来的に「なりたい自分」のセルフイメージを固める。

図１　就寝前の黙想方法

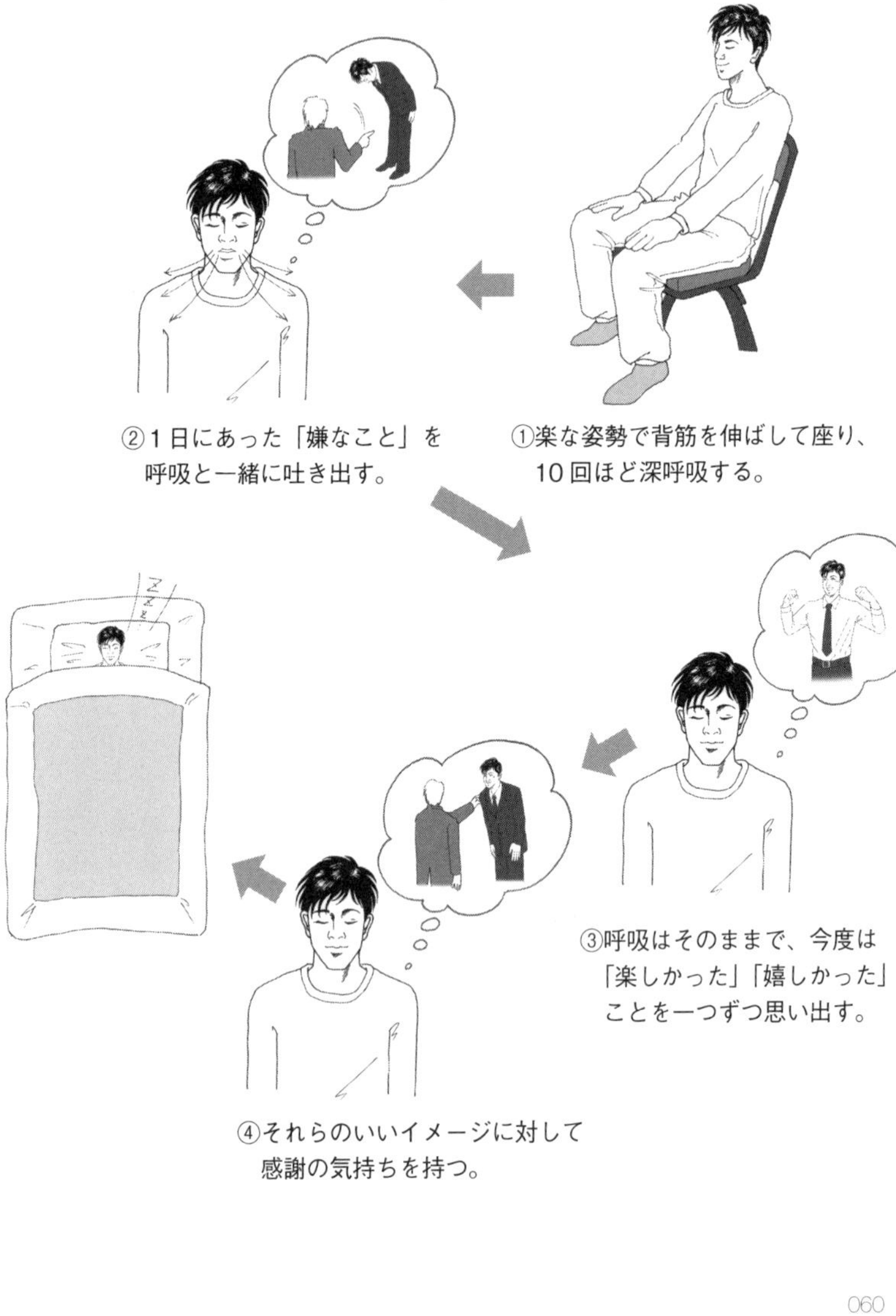
①楽な姿勢で背筋を伸ばして座り、
10回ほど深呼吸する。
②１日にあった「嫌なこと」を
呼吸と一緒に吐き出す。
③呼吸はそのままで、今度は
「楽しかった」「嬉しかった」

ことを一つずつ思い出す。
④それらのいいイメージに対して
感謝の気持ちを持つ。

図2　起床後の黙想方法

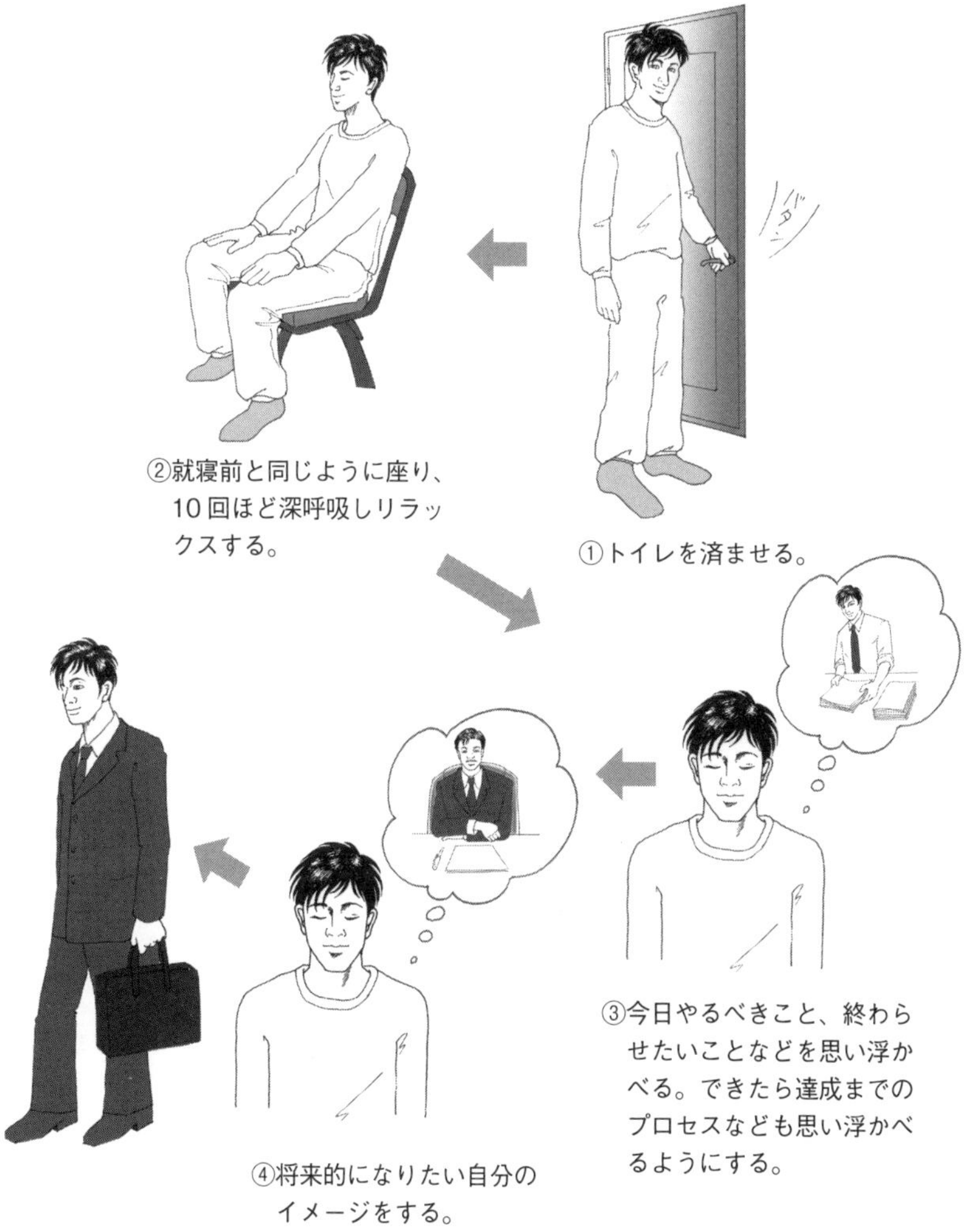
①トイレを済ませる。
②就寝前と同じように座り、10回ほど深呼吸しリラックスする。
③今日やるべきこと、終わらせたいことなどを思い浮かべる。できたら達成までのプロセスなども思い浮かべるようにする。
④将来的になりたい自分のイメージをする。

【気をつけたいこと】

①むやみに長時間、やらない。

「長くても十五分」という時間を守ること。時間制限なしで黙想を行なうと、かえって思考がバラバラと乱れてしまいます。

②携帯電話やアラームは切る。

途中でメールや電話が来ると思考が途絶えるので、電源はオフにする。十五分の終了時間は体内時計の感覚に任せましょう。やり続けていくうちに、この感覚は自然と身に付いていきますから、安心してください。

③イライラしてしまうときは、「イライラを楽しむ」。

無理に「イライラ」を鎮めようとせずに、「どうしてこんなにイライラしているのかなあ?」とイライラしている自分を徹底的に客観視してみる。冷静に観察できるようになると、イライラを楽しめるようになる。

④入浴中の黙想は避ける。
うっかり眠ってしまうことがあり、危険なので入浴中は避ける。
慣れてしまえば、朝の黙想はシャワーを浴びながらでもできるようになります。

⑤黙想のまま眠ってしまったら？
「疲れていたんだ」ということでそれもＯＫとする。ただし、私の経験上では、黙想を済ませてから眠りについたほうがよい眠りを得られるので、できればそのまま眠らないようにするほうがよいでしょう。また、思わず眠ってしまっても、頭や体をどこかにぶつけないような場所で行うことも疲れている場合は大事かもしれません。

⑥「絶大な効果」や「いきなりの変化」を期待しない。
いろいろな人に黙想を勧めてきましたが「騙されたと思って」ぐらいの軽い気持ちで黙想を始めた人のほうが、よい感触を得られる傾向があります。

「リラックスできればいいや」ぐらいの、軽い気持ちでチャレンジすることが大切です。

「褒める」、「認める」ことの大切さ

「軸」を見失っていると、自分への自信を失っている、自信が持てずにいる、つまり、「自分を肯定できない」「自分に自信を持てない」という状態になっています。

そんな人が部下や後輩に適切な指導や評価ができるはずがありませんし、部下や後輩を的確に動かせなくては、仕事をきちんと成し遂げられるはずがありません。

あなた自身は誰かをちゃんと「評価」しているといえますか？
「評価」とまではいかなくても、誰かをちゃんと「褒めて」いますか？
「褒めることでもっと頑張ってもらおう」という気持ちで、人に接していますか？

今、本書を読んでくれているということは、相当なストレスを抱えているからだと思います。そして、それほどのストレスがある状態では、「誰かを褒める」という心の余裕はとても持てないことでしょう。

この**ストレスフルな時代においては、多くの「誰かを評価する立場」にある人たちが「評価したり、褒めたりできるほどの心の余裕がない」**のです。

友達に「一万円貸して」と言われても、財布に五〇〇〇円しか入っていなかったら、貸したくても貸せない、それと同じ状態です。

「評価しない」のは、評価するだけの心の余裕を持ち合わせていない、ただ、それだけなのです。

だからこそ、「まずは自分を褒める」ことから始めてほしいのです。**自分を褒めて「この人生もまんざら、捨てたもんじゃないな」と認めて、自信を取り戻してほしい**のです。

自分自身を信用していない人を、あなたは信用できますか？　できないはずです。

信用できない相手とよい仕事ができるはずがありません。信用できない相手と、よい関係を築けるはずがありません。

まずは自分を信用すること。つまり自信を持つことです。

それが、「軸」を持つことにほかなりません。

なぜ、「黙想」がよい変化をもたらすのか？

「黙想」によって状況が好転し始めたのを実感し、私はあることに気付きました。

それは、**「すべての原因は自分にある」、「必要な答えは自分の中にある」ということ**です。

私たちは、自分で思っている以上に「慣例」や「モラル」、「ルール」に縛られて生きていて、「かくあるべし」と思っていることがたくさんあります。


例えば「太るからケーキを食べない」とガマンしたとします。

しかし、本心は「ケーキが食べたい」のです。

「太りたくないのなら、ケーキは食べないほうがいい」のは頭ではわかっています。

でも、食べたいわけですから、「食べたいのをガマンする」というストレスをここでは感じています。

このストレスは増すばかりで、結局はケーキが食べたくなる。

このように「慣例」や「モラル」、「ルール」を守ろうとする余り、余計にストレスを抱え込んでしまうことが私たちの日常生活では多々起こります。

こんな場合には、「ケーキを食べると太るけれど、食べたい。ならば、その分、運動をする」とか、「他の食事でカロリーのバランスを取ることにしてケーキを食べる」とか、「ケーキを食べることを許可」しながら、「太らないためにやれること」があります。

もちろん、「運動する」「他の食事でバランスを取る」というのは、＋αの労力ですから、その分の努力が必要となります。努力を最小限にして「太らない」という目標を達成するのなら「ケーキを食べない」という選択がいちばん簡単です。

しかし、簡単な選択をした結果、やっぱり「ガマンする」というストレスと戦わなくてはならない。

こうした場合は、「ケーキを食べ」、＋αの努力をして、ストレスを抱えないようにする、そのほうがよりいい考えだ、という選択もあるです。

「慣例」や「モラル」、「ルール」を「守る」ことは簡単です。守ってさえいれば、大きなミスやトラブルは起きません。

でも、ケーキの例のように「守る」という行為がストレスを生むことも多々あるわけです。

長くなりましたが、ストレス過多になると、脳が疲れてきます。さらに雪崩のような情報がそこに加わると、脳の機能は鈍くなる一方です。

脳内では、大脳旧皮質と大脳新皮質から出てくる指令が混乱、反発を起こすようになります。

「黙想」は、この「脳疲労」を和らげることができる方法です。

そして「黙想」をしていると、「自分は本当のところ何をストレスと感じているのか？」ということに気づくようになります。

「太りたくない」という思いと「ケーキを食べる」ということだけを天秤にかけたら、「食べない」ほうがいい。

けれど、それで判断できるほど**人の心はそんなにシンプルではない**のです。

自分が求めている「答え」は自分の「中」にあります。

ときに、自分で思っている「答え」は論理的に、社会的に「正しい」とはいえないこともあると思います。

でも、**たとえ間違っていても、それはあなた自身の「本当の思い」なのです。**

自分がどれだけ「本当の自分の思い」に蓋をして生きているかに気付けること。

それが「黙想」や「ＯＦＦの時間」がもたらしてくれる「効果」なのです。

「黙想」で知った「日々の重要性」

私は黙想によって自分の「軸」を取り戻したことで、「いかに毎日が重要なものなのか」ということを知りました。

そして、正体不明の不安や感情の波に踊らされて、時間を無駄にしてきたこと、その「無駄」を重ねていることが、さらに私を不安にさせていることに気付いたのです。

「これをしなくては！」

「あれをやらなくては！」

と気持ちばかりが焦り、何一つ、進んでいない。

時間だけが過ぎてゆき、焦りがさらに募る、という悪循環に陥っていたのです。

忙しく流れる日々を送っていると、立ち止まって考える暇がありません。

そうこうしているうちに、焦りばかりが募るようになるのです。

黙想は、そんな毎日の中に「ちょっと立ち止まる」、つまりOFFの時間をもたらしてくれます。

この「立ち止まる時間」を持つことで、不安や焦りを私たちは解放できるのです。

不安や焦りを解放できるようになると、**「休むときは休む」というメリハリをつける**ことができるようになります。


例えばそれまで私は休日であっても、頭の中は仕事のことばかりを考えていたのが、黙想を始めてからは、

「今日は完全に休みにして、仕事から離れよう」

と思えるようになりました。

「あれをしなくては！」

と焦っていても、何一つ、事態は変わりません。

例えば本の執筆もそうです。

「締め切りが迫ってくる！」

と慌てても、文章は一文字も書けません。

締め切りへの焦りを解消するには、着実に原稿を書き進めてゆくことしかないのです。

焦っている時間があったら、少しでもいいから書き進めればいいのです。

しかし、

「原稿を書かねば！」

と思いながら、ダラダラと何もせずに週末を過ごすぐらいなら、

「今日は休みにしよう」

と決めて遊びに出かけたほうがよほど精神的にも一旦リセットでき、心のリフレッシュも図れます。

当たり前のことですが、「黙想」を始める以前の私は、こうした当たり前のことにすら気付けないほどにストレスにまみれていました。おそらく頭の中もいろいろな悩みや仕事の懸案事項などでギチギチになっていたと思います。

正体不明の不安やストレスは、何も生み出さないどころか、私たちから生産性を奪ってゆきます。

これは、パソコンのメモリがいっぱいな状態を思い浮かべてもらうとわかりやすいと思います。


不安やストレスそのものをなくすことは難しい。

だけど、不安とストレスから発生している、悪循環を断ち切ることはできます。

「不安」、「ストレス」は「あるもの」として受け止める。

ただし、**「不安」や「ストレス」に自分の時間を奪われることまで許してはいけない**のです。

ときには「問題を解決しない」ことも大切

「黙想」を始めてから、仕事をはじめとする「問題解決」がスムーズにできるようになってきたことを実感したものの、人間を苦しめている問題の中には、すぐには解決できないものもたくさんあります。

問題の本質に向き合うことが難しかったり、自分自身の力だけでは解決できないものであったり、苦しみの理由が複合的な要因だったりする場合です。例えば、「仕事」と「家庭」に問題が起きているような場合、両者はまったく別ものののように見えますが、あなたという人の心の中では、仕事と家庭が影響しあって「苦しみ」という現象になっている可能性もあります。

とくに、人とのかかわりで発生している「問題」は「相手あってのこと」ですから、自分の努力だけでクリアできるものでもありません。

また、論理的に「問題」を捉えることができても、心情的な「苦しみ」に支配されてしまうこともある。その苦しみゆえ、解決方法が見えない、あるいは見えていても、解決に向かうだけの気力が持てないこともあります。

こんなときは、**無理に問題を解決しようとしないことが大切**です。

「解決」ではなく、「これらの問題とどうやって共存して生きてゆくか」を考えること。そうすることで、長い目で見るとよい結果を導くことができるからです。

「今は、これらの問題と共存してゆくしかないんだなぁ」

と思えるくらいになると、不思議と心が軽くなるものです。

一度心が軽くなれば、次第に「どうしたらいいのか？」が見えてくるようになるもの。

「無理に答えを求めない」というしなやかさも、結局は自分の「軸」の一つになることを覚えておいて欲しいのです。

第3章

「黙想」によって「運」がよくなる!

なぜ、「運がよくなった」と実感できるのか？

「黙想をしたら運がよくなったなんて、眉唾《まゆつば》だ」と思われる方も多いことでしょう。

私も、いきなり、そう言われたら「眉唾だ」と思います。

でも、実際に私自身、黙想を始めてから「ツイている」と感じる出来事が増え、明らかに「運がよくなっている」と思わざるを得なかったのです。

まず、前述したように、仕事が順調に進むようになりました。

それは、「運」というよりも、当時、中間管理職であった私のモチベーションが変わったことで、上司や部下などの関係者たちに与えている影響が変わったことが大きいでしょう。

私の指示が的確になり、それによって部下の仕事がやりやすくなった。

私が自分の判断に自信が持てるようになり、上司や会社に対する発言に説得力が増した。

こうした「変化」と同時に、私の提案や意見が「通る」ようになり、仕事もスムーズに運ぶようになったのです。そして、幸運なことに、その提案や意見が結果を伴うようになったのです。

このことによって、さらに私の提案や意見、部下への指示が説得力を増してゆきました。つまり、部下は私の指示を忠実に聞くようになり、よい仕事をしてくれるようになった。上司や会社といった「決裁の壁」は通り抜けやすくなり、私自身、身動きがとりやすくもなった。私を通すことで、仕事がスムーズに進み、取引先など社外の人からの信頼も得られるようになった。

つまり、私がストレスにまみれていることで発生していた「悪い循環」がなくなり、「良い循環」を生むようになったのです。

私はこの体験から、**「すべての原因は自分自身にあった」と気付かされた**わけです。

私という人間の意識が変われば、周囲の人たちに与える影響も変わってくる。

当たり前のことですが、ストレスにまみれていた私は、そのことに思いを馳せるだけの余裕すら失っていました。

上司が不機嫌そうにしていたら、部下は上司の顔色を窺うようになります。

不機嫌な私は部下をちゃんと褒めたり、評価することもしません。

部下はますます、不安に陥り、仕事でのミスも増えてくる。さらに、私を「怒らせること」を恐れる余り、「伝えなくてはいけない報告」までも「先延ばし」にするようになる。

結果、未然に防げたはずのミスが大きなミスとなってしまい、ますます、私は不機嫌になり、ストレスにまみれる。

「黙想」を始める前の私の周囲では、このような出来事が多発していました。

これでは、「よい成果」、「よい結果」など得られるはずがないのは当たり前です。

「すべての原因は自分にある」という気付きは、私に「精神的な余裕」をもたらしてくれたのです。

こうした「悪循環を断ち切り、よい循環を生み出せた」ことによって得られたことが、まさに「運がよくなった」と感じるような出来事を起こしました。それは、私だけでなく、そんな様子を見ている人たちにも「最近、藤井はツイてる」と思わせたようで、いつしか私は「運のいい奴だ」と思われるようになっていたのでした。

「精神的な余裕」によって広がるもの

「あの人は運がいい」

と言われる人たちがいます。彼らを観察していると、直感で行動しているように見えるものです。

深く物事を考えずに直感で行動しているのにもかかわらず、よい結果を得るわけです。

「黙想」を始める前の私は、それなりに順調な人生を歩んでいましたが、「運がいい」と人から言われるほど、「ツイている」わけではありませんでした。

けれど、「黙想」を始めてから、自分でも「なんて、自分はラッキーなんだろう」と感じる出来事がよく起きるようになりましたし、人からも「藤井は運がいい」と言われることが多くなりました。

そのいずれも、直感にしたがって行動した結果でした。

取引先の人と会っているときに、ふとした雑談から、商談に発展し、契約を得られたこともありました。

このとき、私は下心も何もなく、

「近々、こういう新しい製品を出す予定なんですが」

と雑談として話したのです。それが、取引先が密かに温めていた企画とマッチした、というものでした。

あのとき、なぜ、その話をしようとしたのか？　ということそれすら思い出せないほどに、何気なく口をついて出た雑談でした。


小さなラッキーであれば、数えられないほど起こりました。

例えば、通勤電車で。座席に座っている人を眺め「この人は次の駅で降りるぞ」というような「予感」がよく当たり、うまく空いた席に座ることができる。仕事の関係で「会う約束を取り付けよう」と思っていた人と、街で偶然、バッタリと会って、その場でアポイントを取れたりなど、そんな「ラッキー」が増えたのです。

なぜ、こんな感じで幸運が続くようになったのか？　私なりに考えてみました。

そして、二つの理由にたどりつきました。

一つ目は、ストレスにまみれていた頃は、**ポジティブに物事を考えられなかった**

ため、「ラッキーな出来事」が起きたとしても、それを前向きに受け止められなかった、というもの。つまり、私自身の感性が鈍っていたわけです。「黙想」によって前向きな思考が持てるようになり、小さなラッキーも喜べるようになった。だから、記憶にとどまるようになり「自分はツイている」と思えるようになった。

二つ目は、**「視野が広がり、勘が冴えてきた」というもの。**

「黙想」を始める前は目の前の仕事に追われ、自分では中長期的に物事を考えているつもりでいても、しっかりと先を見据えてはいませんでした。

けれど、「黙想」によって、中長期的な視点で物事を捉えられるようになった。今、目の前に問題が起きていたとしても、「この問題をクリアすれば、その先は順調に進められるようになる」という意識で、先々を見越した問題解決の方法を検討し、実践できるようになり、結果や成果を出せるようになった。

このような私自身の変化が、「運がよくなった」と感じるようになった「からくり」なのだと思います。

同時に、思考が前向きになったことで「ツイていない」と思うような出来事にとらわれないようにもなっていました。

記憶には「ラッキーな出来事」しか残らないものですから、どうしても「運がよい」としか思えなくなってくるのです。

言い換えると、「楽天的になれた」ということです。


そして、**「楽天的な人」には「ツキがまわってくる」もの**なのです。

いつも楽しそうにしていると、人間づきあいも変わってきます。

一緒にいて楽しい人に人は引き付けられますし、「何か仕事を頼もう」と思ったときも、「どうせなら、楽しく仕事ができる人にお願いしたい」と思うのは当然です。

そうやって巡ってきた幸運に感謝しつつ、その仕事を丁寧に成し遂げることができたら、「次もお願いしよう」と思ってもらえるようになります。

これが、「黙想を始めてから、運がよくなった」と私が感じた「理由」なのだと思うのです。

好機を逃さないようになる

また、「黙想」をするようになった私は、「今がチャンスだ」という「好機の到来」に敏感になってきました。

ビジネスでは「機を逃す」ということがしばしば、起こります。機を逃してしまうと、後々「あのとき、ああしていれば……」と後悔にさいなまれ、ストレスを抱え込むことになりますが、瞑想体験後の私は「チャンス到来」を何度も感じられるようになり、この手のストレスから解放されたのです。

ではなぜ、「チャンスを逃して」しまうのか？

それは、やはり**「視野が狭くなっている」から**だと思います。目先の利害関係や現状しか考えられず、それを打破して実行した後のことまで考えが及ばない。だから、「とりあえず、今は時期じゃない」と判断して、機を逃してしまうのだと思うのです。

しかし、往々にして「逃がした魚は大きい」ものです。

そして、「あのとき、ああしていれば……」という後悔は結果論に過ぎないことはわかっていても、悔やまずにはいられないのも人の常です。

こうしたストレスを回避するには、機を逃さない**行動力が必要**です。とはいえ、ストレスで弱った心身は、判断力、決断力にも欠けていてなかなか決心がつかない。こうして、頭ではわかっているのにみすみすチャンスを逃してしまうことになるのです。

「何もせずに後悔するのならば、行動したほうがいい」というのは、誰もがわかっていることです。難しいのは、それを実行することです。「黙想」によって心の平穏を得た私は、このことを実行できるだけの行動力も得ることができました。

加えて、先々のことを見通せるだけの視野の広さも持てるようになった。

だから、チャンスを逃して悔しい思いをすることも激減したのだと思うのです。

成功が成功を呼び、自分自身を強くする

体育の授業で行なう**「跳び箱」は「この高さは跳べない」と一度、思ってしまったら、絶対に跳ぶことはできない**、と聞いたことがあります。

つまり、実際の運動能力以前に、結果にはメンタル面が大きく影響する、ということです。

人生にも同じことが言えると思います。

「絶対に無理だ」

と思っている仕事は当然、結果を出せません。

そして、

「ほら、やっぱり自分には無理だった」

とさらに自信を喪失することになります。

跳び箱は一段ずつ、段を増やして高さを増していくものです。

一段一段をクリアしてゆくことで、自信をつけられるかどうかが高い段を跳べるようになるか否かを左右していくものです。

視覚的な印象で、

「この高さは跳べない」

と恐怖心を持ってしまったら、それ以上、記録を伸ばすことはできなくなる。

「黙想」によって自分にもたらされた変化を考えたとき、私はずいぶん、多くのことを「できっこない」とあきらめてきたなあ、と思い知らされました。

今だから告白できますが、最初から「無理だ」と思いながら、とりあえず着手して進め、結果を出せずに終わった仕事もありました。

今なら、あの頃の私にこう言ってやりたいです。


「自分すら信じていないお前のことなど、誰も信用してくれるわけがないだろ

う」と。

「黙想」によって、一度頭を「空」にできたおかげでチャレンジすることへの恐怖心がなくなってゆき、自分を信じられるようになった私は大小の「結果」を手にし、自信を回復してゆきました。

そんな、挑戦を重ねることが、私の精神力を鍛えてくれたのです。

とりあえず、「信じてみる」ことの大切さ

「黙想で人生がよくなるなんて、とてもじゃないけど、信じられない。今、自分が置かれている状況はそんなことで好転するほど簡単じゃない」

と思う人も多いことと思います。

その気持ちは、私もわかります。

私自身も、「黙想」を始めた頃は、同じような気持ちだったのですから。

「黙想を始めよう」

と思い立ったものの、

「どうせ状況は一向によくならないのだから、何でもいいからちょっと試してみよう」

という半ば疑いの気持ちもありました。

そんな軽い気持ちで始めた「黙想」でしたが、サラリーマン人生において、内省する時間を持たぬまま仕事人間として生きてきた私にとって、「静かに内省する時間」「頭を空にする時間」からはいろいろな「気付き」をもらいました。

自分ではちゃんと自分と向き合ってきたつもりでいたのです。

でも、それは「つもり」程度のものだったのです。本当の意味では、まったく向き合っていなかった。

「これまで、じっくりと自分に向き合っていなかった」

と気付いたこと。それだけでも、「黙想」をしてよかったと感じました。

「黙想」をすると、いろいろな「真実」が見えてきます。

常識や社会通念にとらわれて、「かくあるべし」と思ってきたことが、本当は自分にとって不本意なことだったり。

私に「試しに黙想をしてみたら？」と勧められて実践したある男性は、

「自分のストレスの原因は仕事だとずっと思ってきました。でも、黙想を始めて気付いたんです。『親の期待に添えていない。期待に応えるために頑張らなくては』というプレッシャーを抱えていることに。そして、それが自分にとってストレスになっていたんです」というように、「自分を苦しめているものの正体に気付いた」と話してくれました。

ほかにも、

「順調だと思っていた恋人との関係について悩んでいたのだとわかった」

「上司との折り合いがよくないから会社が苦痛なのだと思っていたけれど、本当は毎日、ランチを一緒に食べようと誘ってくる同僚の存在のほうがストレスだった」

など、「答えだと思っていたことが、じつは違っていた」と話してくれる人がたくさんいます。

恋人とのデートや同僚とのランチは、「楽しいこと」のはず。

そういう思い込みが、「じつはストレスになっている」という真実を覆い隠してしまっていたのです。

自分の「本音」に気付くことで、ストレスと正しく向き合えるようになります。

だからこそ、私は「とりあえず、信じて黙想をしてみてください」とお勧めしてきたのです。

「騙されたと思って、やってみるか」

ぜひ、そのぐらいの気軽な気持ちで皆さんも試してみてください。

「難題」「障害」に遭遇しても「前向き」でいられる

「黙想を始めてから、運がよくなった」

と実感するとはいえ、物事がすべて順調に進むわけではありません。

当然、「悪いこと」が起きたり、「難題」や「障害」にぶち当たることもあります。

社会は人と人とのかかわりでできていますから、意見が食い違ったり、感情の行き違いが起こることは当たり前だからです。

ただ、「黙想」を通じて「自分の軸」を持てるようになると、こうした事態にうろたえることなく、前向きに対処できるようになるのです。感情の波に踊らされることが減りますから、ストレスもあまり感じません。

むしろ、「どうやって、この局面を切り抜けるか」という思考になり、問題解決への意欲が湧いてくるようになります。

ストレスに翻弄されていた頃の私は、問題が起きると「なんとか解決しなくては」とは思うものの、「朝、目が覚めたらすべてがスッキリ解決していればいいのに」というような願望を抱いたり、「とりあえず、明日、考えよう」と明日の自分へ責任を押し付けて、布団をかぶって寝てしまう、というようなことがしばしばありました。

しかし、**明日の自分もしょせん、同じ自分**です。

目が覚めたら問題が解決している、ということも起きるわけがありません。

こうした思考になるのは、**単に、「逃げたい」という思いがあるから**です。

何もかも、投げ出してしまいたい衝動にかられるのは、それだけ心身が疲れているからなのですが、同時に「そうは言っても逃げられない」という現実もわかっているため、余計に苦しい思いをしてしまうのです。

逃げも隠れもできないのであれば、「正面から対峙する」しかありません。

対峙するならば、早いほうがいいに決まってます。

なぜなら、解決を先延ばしにする、ということは、それだけ長い時間、心に負担をかけることになるからです。

「黙想」を始めた私は、すべての問題をこのようにとらえて、対峙できるようになっていました。

すると、不思議なことに想像以上に、簡単にしかもスムーズに問題解決ができるのです。

ただし、人とのかかわりから発生している問題である以上、「相手の心情」を思いやって、話し合いのタイミングを計る必要はあります。しかし、「黙想」によって自分の心身の状態をベストに保てるようになっていれば、このタイミングを計るだけの心の余裕と直観力を身に付けているので、自分を信じて解決へと向かうことができるようになります。

「軸」を持てば「問題の本質」が見えてくる

悩める若い人たちと接していると、

「協調性がありすぎるのではないか?」

と感じることがしばしばあります。

無論、「協調性がある」のはよいことですが、ちょっと度が過ぎているな、と思うのです。

「みんなに応援してもらいたい」

「みんなを納得させたい」

という思いが強すぎるため、自分の意思をうまく主張できなかったり、反対に応援や納得を得られなかったときに精神的な打撃を受けてしまうのです。

しかし、世の中、そうそう平和裡に物事は進みません。

誰かがガマンを強いられたり、意見を変えざるを得ないこともたくさんあります。

「軸」を持たない人たちは、こうしたシーンにものすごく打たれ弱い、という傾向があります。

「自分がガマンをすることにした」

「自分が意見を変更した」

という事実を、受け入れたかのように自分に思い込ませているものの、心の底から「納得しているわけ」ではないのです。

だから、ふとした拍子に、不満が心に渦巻きます。

「なんで、みんなは自分の気持ちをわかってくれないのだろう?」

「なんで、意見を変更したことを、もっと尊重してくれないのだろう?」

というような不満です。

四人で食事に行くことになったとき、三人が「中華料理が食べたい」と言い、「イタリアンを食べたい」と思ったあなたは、多数決で負けてしまったとします。

「大人なのだから、ガマンするか」

と思って中華料理店に行く。

しかし、やっぱりイタリアンが食べたかった、と思ってしまう。

「ほかの三人は、嬉しそうに中華を食べているが、どうして意見を変えた自分にもっと感謝してくれないのだ？」

などと考えてしまったりする。

しかし、他の三人はこう思っていることでしょう。

「中華でいいよ、と言ったのだから、アノ人はそれでOKなのだろう」と。

瑣末な例えですが、人生にはこのようなシーンが多々、あります。

一回の食事のことならばともかく、人生の一大事を決めるような出来事であれば、後々にまで影響してくることでしょう。

これは**「問題の本質に気付いていない」ゆえに、起きること**だと思うのです。

しかし、その都度、問題の本質を理解した上で、腹をくくってしまえば、後々にまで遺恨を残すこともありません。

また、反対に、

「この件では意見を曲げるわけにはいかない」

という意味で「腹をくくって対峙する」ということもできるようになります。


ストレスにさらされ、心身が疲れていると、何か意見を主張すべき場面が生じても、「どうでもいいいや」という気分に陥りがちです。

「面倒くさいから、みんなの言うことを聞いておこう」

というような気分です。

でも、その結果、月日が経ってから「あのとき、ああ言っておけば……」という後悔にさいなまれることにもなる。そして、じつは**その「後悔」は長期間にわたって、あなたの心を苦しめるきっかけになる**のです。


この話をしたとき、ある女性が打ち明けてくれました。

「結婚したとき、和装で神前式の結婚式を挙げたかったのに、姑にレストランウエディングを、と言われたんです。レストランウエディングで和装は変だから、当然、ドレスになるわけです。その当時、結婚式のことで、いろいろとあったので、疲れていて。『もう、いいや』って思って姑の希望を聞いてしまった。でも、このことが忘れられないんです。『どうして、あのとき、私の希望を誰も聞いてくれなかったんだろう？』って」

自分の意見を押し通すこともせずに、言いなりになってしまったこと。夫が自分の気持ちを酌んでくれなかったことが、彼女の心に重くのしかかりました。

その後の姑や夫との関係にも、ことあるごとに、このときの感情が影響してきたそうです。

人の心は、このように、大変、複雑なものです。

そのときは、「まあ、いいや」と思って済ませたことが、いつまでも忘れられないという事実を知って、「自分にとって大事なことだったのだ」と気付くこともある。彼女の場合、和装かドレスか、という問題ではなく、「自分の気持ちが尊重されなかった」という思いが尾を引いたわけです。

そのときは、「自分で決めたことだから」と自分を納得させたとしても、本当に納得させられないことも多いものです。

彼女も「あのときの私は自分を見失っていた」といいます。これはつまり「軸」を持っていなかったとも言えるでしょう。

自分が何をしたいのか？　自分が求めていることは何なのか？　がまったく見えていなかった。目先の「和装かドレスか」は問題の本質ではない、ということにも気付けなかった、と。

結局**目の前の「問題の本質」に気付けないということは、その後の生活にも大きく影響してくる**のです。

「黙想」で気付く「やりたいこと」と「やるべきこと」

「自分の軸を持てない」ということは、「自分は何をしたいのか？」、「自分が求めているものは何なのか？」という、人生そのものの指針を見失う、ということでもあります。つまり、「ヴィジョンが見えない」という状態です。

将来の見通しがまったく立たない現代社会の中で生きてゆくには、「自分の人生」をくっきりと意識して生きることが不可欠です。私が三十代という年齢を過ごしたかつての日本は、「サラリーマンたるものは会社に滅私奉公するもの」でしたし、「一つの会社で勤め上げることがよい」と考えられていました。

これは、言い換えると「転職してステップアップする」「独立起業する」という選択肢を否定するものでもあり、そういう生き方を選択する人はアウトローである、ということでもあります。

女性であれば、学校を卒業して就職し、二～三年で寿退社して、専業主婦になることが当たり前でした。今考えると驚きですが、女性に対して「三十歳で定年とする」と定めている企業も存在した時代です。

つまり、多くの人が社会的に「よし」とされている生き方を選択すれば、平凡ではあるものの、浮き沈みの少ない穏やかな人生が約束されていたわけです。

しかし、今の時代は、「社会的によし」とされる生き方が「何か？」という指針はありません。

選択肢が増えた、というと聞こえがよいかもしれませんが、それは「個人の負うべき責任が増えた」ということでもあります。

かつては、会社に滅私奉公していれば、「生活のための生業《なりわい》」としての「仕事」は保障されました。つまり、「自力で生活を保障する」という「責任」は負わずに済んだわけです。

しかし、今はどれだけ会社に尽くしたとしても、「大企業の倒産」や「リストラ」が起こり得るわけです。

「いざ、というときに会社は助けてくれない」時代なのです。

会社法の改正によって独立起業が容易になりましたが、これも見方を変えると「個人に負わせる責任が増した」とも言えます。

だから選択肢が増えたことを「自由に生きられる」と素直に喜ぶことはできないわけです。

それは、このような社会を生きる上で、最終的に必要となるのは、やはり**「自分の軸」**です。

「何としてでも、成功させる」「人生を目的を持って生き抜く」という強い意思、「軸」がなくては何事も成し遂げられないと思うからです。

第4章

「黙想」から「瞑想」へ

「瞑想」との出合い

自己流の「黙想」を始めるようになって数年が経ったころのことです。

私は偶然、商談で訪れた来客から、「瞑想」の話を聞きました。

「瞑想」というと日本では、宗教的な印象を持つ人も多く、あまりよい受け止められ方をしていません。日本の場合、九十年代に宗教団体が起こしたテロ事件の影響も少なくないと思いますが、アメリカでは「瞑想」は自己啓発、リラクゼーションというような受け止められ方をしています。

私自身、二十数年前に、初めて「瞑想」の話を聞いたときは、半信半疑でしたし、胡散臭くも感じました。

しかし、そのときすでに私は「黙想」の「効果」を実感していたこと、黙想以上の「何か」を得られるのでは？　という期待感、そして持ち前の好奇心が勝り、「一度、体験してみよう」と思ったのです。

早速、様々な本を引っ張り出してきて、自分なりに工夫を重ね、独自の「瞑想術」を身に付けました（この瞑想法【藤井式瞑想術】については、次章でやり方を紹介していますので、ご参照ください）。

さらに、自己流の瞑想術を数年続けた後に、本格的に瞑想を教えてくれる、というセミナーに出かけ、以来三十年近くも続けることになる瞑想法を習得することになったのです（こちらは本章と第6章にセミナーの簡単な説明を載せています）。

これら瞑想の体験は、まさに「百聞は一見にしかず」でした。自己流で瞑想を始めたときの私は四十歳近くでしたが、それまでの人生で感じたことのない体験をしました。

「よく眠った」と思える朝以上のすがすがしさ。

頭がクリアになり、はっきりと「自分は冴えている」ということが実感できました。

頭の中の霧が一気に晴れた、というような印象でした。

「瞑想にはもしかしたら、人を大きく変える力があるのではないか？」

と感じたのです。

以来、私はずっと毎日、「瞑想」を続けています。そして、「黙想」はビジネスの計画を立てたり、その日の行動予定を確認する、といった実務的な目的で行なうようになりました。

本章では、「黙想」を経て、私がたどり着いた「瞑想」についてお話ししてゆきます。

「黙想」だけでも、十分な手ごたえを感じていますし、「黙想」を日課にすることで、人生を好転させられることは私自身の経験からも、断言できます。

しかし、頭を「空っぽ」にするという意味から、私が体験した「瞑想」のこともぜひ皆さんに知っておいてほしい、と思うのです。

決して無理に「瞑想」をお勧めする、ということではありません。

私自身が「瞑想」を体験したからこそ、これまでお話ししてきた「黙想」のメソッドの確立ができたということ。

そして「黙想」を理解して実践する上で、「瞑想」のことも知っておいたほうがよい、と思うからです。

「黙想」は内省、「瞑想」は開眼

多少大雑把な物言いかもしれませんが、「瞑想」は仏教で言うところの「禅」に当たるものです。

僧侶が長年の修行を積み、たどり着く「無の境地」。

「瞑想」はその状態と同じことを体験するものです。

では、「黙想」と「瞑想」の違いは何か？　というと、「黙想」が「内省」であるのに対し、「瞑想」は「開眼」であるということです。

「黙想」では、「本来の自分」を「取り戻す」ことができました。それによって、精神が安定し、それまで見えていなかった事柄、自分の本心や、自分の「軸」をつかむことができるようになったのです。

一方、「瞑想」では、私自身が秘めていた能力が「目を覚ます」という経験をしました。

人は脳が持っている能力のほとんどを眠らせて、ほんの一部分しか使っていない、といいます。それは、科学的にも裏付けられていることであり、また、脳のしくみは現代の医学をもってしても、解明されていないことがたくさんあります。

また、高揚感、幸福感という心の状態には脳内物質の分泌が関係していることも医学的に説明されています。

脳内の状態が心身に影響するならば、「瞑想」でこれまで眠っていた能力が開眼することも否定はできません。

事実、私は「瞑想」を経験したことで、能力の向上を実感しました。

想像力、集中力、判断力、決断力。あらゆる「力」が研ぎ澄まされ、また、正確性を増しているのを実感しました。

何よりも大きかったのは、リラクゼーションです。

それまで「黙想」でストレスケアをしてきたと思っていましたし、事実、ストレスは軽減されていました。しかし、「瞑想」では、それ以上のリラックス感を得られたのです。

「人生でこんなにリラックスしたことはない」

と言っても言いすぎではないくらい、リラックスしていました。

「黙想」は表層意識、「瞑想」は純粋意識

詳しくは後述しますが、私は「TM瞑想法」という瞑想法を、『マハリシ総合研究所』という機関が行なっているセミナーに参加して習いもしました。

この機関では、「瞑想」に関して科学的な分析を行なっており、「瞑想」における脳波の状態や心理テスト、学力テスト、血液検査などの医学的なテストなど、さまざまな実証データをもとに研究しています。ここで教わった瞑想法と、自己流で行なっていた瞑想術（藤井式瞑想術）との違いは、効果面においてよりアップされたといった感じです。

ただ、このセミナーでレッスンを受けたことで、私が続けてきた「黙想」は表層意識にアプローチしていたのだ、ということがはっきりとわかりました。

表層意識とは、私たちが意識できる範囲のことです。

これに対して、さらに深い意識、いわゆる純粋意識とは禅でいうところの**「無の境地」**のことです。

「日ごろ意識しているレベルより、より奥深いところの意識」と説明するとわかりやすいかもしれません。

意識とは「思考」のことでもありますが、自覚できる意識、思考はハッキリとした形を持っています。

けれど、これらの「意識」「思考」には、元になる「源泉」があります。

「源泉」ははっきりと知覚はできない、より繊細なものです。

一方で、私たちは意識、思考によって生きています。もちろん、よい面もたくさんありますが、意識や思考が悩みの元となっているのも事実です。

「瞑想」では、この意識や思考が生まれてくる「源泉」、純粋意識に触れることができるようになるのです。私たち日本人にとっては、禅の「無の境地」という言葉のほうがイメージしやすいかもしれません。

私が瞑想で体験したものも、まさに「無」の状態でした。

このときの状態の感じ方は人それぞれですので、一概に「こうですよ」とは言えません。

私の場合は、深いリラックス感、安息感を得ました。

初めての「瞑想」を経験した感想も十人十色です。

「悩みも心配事もすべて、どうでもよくなっちゃいました」

という人もいますし、

「三日三晩、寝続けたような感じです」

「何をするのも億劫になり、ただただ、ボーっとしてしまった」

という感想を述べる人もいます。

ただ、共通しているのは **「心の平穏を感じた」** ということです。

それを「リラックスしている気分」と表現する人もいれば、「こだわりがなくなった。

心配してもどうしようもないんだ、という気分になった」という人もいます。

そして、「このリラックス状態を感じられただけでも、瞑想をしてよかった」と口を揃えるのです。

エステや鍼灸、海外旅行など、「リラックスするためのこと」にそれなりにお金と時間を費やしてきたある女性は、

「一週間、南の島にバカンスに行ったときよりも、この二泊三日の瞑想のセミナーのほうがストレス解消になった」

と言っていました。

いずれにしても「瞑想の体験」は「これまで感じたことのないリラックス感を得られただけでも収穫アリ」と思う人が多いものです。

とはいえ、私の身近な人たちでも、いまだ、瞑想に懐疑的な人もいます。

気持ちとしては、「騙された、と思ってやってみて」と思うのですが、宗教的なイメージなどマイナスの印象を持つ人がいるのも無理はない、とも思います。

「瞑想」はネガティブな印象を持っている状態で無理に行なうものでもありません。

その人が「やってみたい」と思って自発的に取り組むことが大切なのです。

眠っていた「能力」が目を覚ます

「これまでの人生で感じたことのないぐらいのリラックス感」を得られただけでも収穫だ、と思っていた私ですが、「瞑想」を日課にし始めたことで、新たな変化を感じるようになりました。

想像力が以前よりも増した。
集中力が以前よりも増した。
決断力や判断力が以前よりも増した。

そんな変化を実感したのです。

無論、「突然、絵が上手に描けるようになった」というような、ミステリアスな変化は起きません。私の体感では、「これまで持っていた能力がさらに研ぎ澄まされる」というような変化でした。

恐らく、「本来持っている能力」を「より活かせるように」なったのだと思います。ストレスや不愉快な出来事に感情を揺さぶられることも減ってきました。

「まあ、いいか」

と流せるようになってきたのです。

文筆業をしている人は、「瞑想後の原稿執筆に変化が起きた」と言っていました。「原稿の精度が確実に上がりましたし、原稿を書く速度も速くなりました。速く、よい原稿が書けるようになったので、仕事上のプレッシャーが軽減しました」

また、別の人は、「アイディアがたくさん湧くようになった」と言います。

いずれにしても、職業上必要な能力、つまり、もともとそうした能力が人よりも優れていた人たちですが、その能力がさらに研ぎ澄まされているということを実感できるようになったのです。

私の場合、管理職としての決断力や判断力、責任に伴うプレッシャーに負けない精神力が研ぎ澄まされたように感じました。

夜型から朝型へ

大きな変化の一つに、「夜型人間」から「朝型人間」に変わった、ということが挙げられます。

長年、サラリーマンをしてきましたから、「昼過ぎに起きて、明け方に眠る」というほどの夜型生活ではなかったものの、残業をし、夜遅くまで飲んだり、接待をしたり、という生活を送っていました。朝は起きなくてはならないから起きるのであって、「できれば、眠っていたい」と思うこともしばしば。不足した睡眠は休日に補う、そんな典型的な会社員生活を送っていたのです。

しかし、「瞑想」を始めてから、私のライフスタイルは一変しました。

まず、朝、自然に目覚め、しかも気分が爽快なのです。

朝五時に起床後、トイレを済ませてから、小一時間ばかり、瞑想をし、シャワーを浴びながら黙想をするのが今の私のスタイルですが、この習慣が苦もなく定着しています。

もちろん、前日の夜が遅かったりして、十分な睡眠が取れていない日も多々ありますが、それでも心身に支障を来すことなく、元気な日々を送っています。

睡眠不足を瞑想で補っているからなのでしょう。

瞑想では、睡眠以上の深い脳の休息が得られます。

この瞑想での休息により、脳は「しっかり睡眠をとった」のと同じ状態になるのだと思います。

ただし、だからといって「睡眠時間を最小限まで削れるか?」というと、答えは「NO」です。その人にとって必要な睡眠時間はありますから、大丈夫な人もいれば、やはり最低限の睡眠時間は必要、という人もいます。

「瞑想」を習得したある女性は、

「以前は九時間は眠りたい、というようなロングスリーパーだったのですが、瞑想を始めてから六時間ぐらいの睡眠でも一日中、活発に動けるようになりました」

と嬉しそうに報告してくれましたが、一ヶ月ほど経って、

「無理がたたったのか、熱を出してしまいました」

と残念そうに呟きました。

「瞑想で脳がクリアになって、寝不足気味でも集中力は以前よりも増したのは事実です。でも、急に体力までもが増強されたわけじゃないんですよね。朝六時に起きて、八時から

仕事を始めて、夜の十二時ぐらいにベッドに入るという生活でも、まったく問題はなかったんですけど……。多分、身体が疲れてしまったのだと思います」

今は、自分の体質に見合った睡眠時間、七時間から八時間を確保しつつ、瞑想を生活に取り入れているそうです。

睡眠時間そのものが変わらなくても、ライフスタイルが朝型にシフトするということは、一日を無駄なく使えるということでもあります。

私自身も、効率のよい朝に集中して仕事を片付けられるので、無駄な残業がなくなり、飲みに行っても切り上げるのが早くなりました。

眠れない夜も楽しめるように

瞑想で能力の目覚めを実感し、深いリラクゼーションを体感したとはいえ、眠れない夜はやってきます。

心配事があったり、寝しなに読んだ本が面白くてどうしてもやめられず、神経が昂《たか》ぶって寝付かれなくなることもありました。

それまでの私は、「明日も早いのだから、早く眠らなくては！」と焦ったものですが、「瞑想」を始めてからは、そんな夜を**「まあ、いいさ」と気楽に流せるようになった**のです。

「一晩の睡眠不足ぐらい、翌朝の瞑想でフォローできる」

という確信があったからです。

実際、一晩ぐらい眠れなくても、瞑想で十分な睡眠を得たのと同じくらいの脳の休息を得られますので、私の場合、生活にはまったく支障はありません。

そして、不思議なことに「眠らなくては」と思わずにいると、いつの間にか、眠ってしまえるものです。

また、昼間に睡魔が襲ってきたときも、「瞑想をする」ことで回避できるだけでなく、クリアな思考を保てることがわかっていたので、「多少、眠れなくても大丈夫」と楽観的になれたのでしょう。

「眠れなかったらどうしよう」

という不安があると、ますます、眠れなくなる。

そして、だんだんと不眠傾向に傾いてゆくことを経験している人も多いことと思います。

自己流で瞑想を始めてから、今日までの三十年近くの歳月を、「眠れなかったらどうしよう」という不安とは無縁で生きてこられただけでも「瞑想の価値アリ」だと実感しています。

「どうでもよくなる」ことの「強さ」

ある三十代の男性は、

「瞑想をしてから、仕事で嫌なことがあっても、よく眠れるようになりました。それまでは、睡眠中にパッと目が覚めることがよくあったんです。それが、瞑想を始めてからはまったくなくなりました」

と言います。

仕事で「嫌な出来事」が起きたときは、そのことをストレスとして感じる。でも、引きずらないようになった、というのです。

また、ある三十代の女性は、「ストレスになるような出来事が気にならなくなった」ということを、「どうでもよくなっちゃいました」と表現しました。

彼女曰く、

「雨が降ってきて、『イヤだな』って思っても、どうしようもないですよね？　ストレスになるような出来事についても、それと同じ感覚になれるようになって。『どうしたら雨がやむか？』を真剣に考えても無意味。ストレスになるような出来事を『なんで、こんなことになるんだ？』って考えても意味がないって思うようになれたんです。そしたら、スッとラクになりました」

というのです。

私は**「どうでもよくなる」ことの「強さ」を実感できた**のだな、と思いました。

「あれこれ、考えても仕方のないことならば、考えないほうがいいや」

と流してみたら、思いのほか、スッキリしてしまった。スッキリしてみたら、「ラッキーな出来事」が起きて、ますます「どうでもよくなって」しまった。

私自身もそんな経験を何度もしました。

「あの人は自分から不幸になるような道を選んでいるようにしか見えない」

と言われる人がいますが、このことは案外、真理をついているのではないか？　と思うのです。

マイナスの出来事にとらわれている限り、そのマイナスはいつまで経っても自分にくっついてきます。

けれど、「まあ、どうでもいいや」と流したことで、そのマイナスにとらわれずに、明日を迎えることができるようになる。

結果、マイナスを蓄積することなく、新たな幸運を手にできるようになって、全体的に幸運度がアップするのではないかと思うのです。

「瞑想」によって「無」を体感したことで、私はこんな風に思えるようになりました。

そのような気持ちになったことで、私を取り巻く環境にも、大きな変化が起きるようになったのです。

ヘッドハンターからの誘い

私の世代は、同じ会社に勤め続けるのが当たり前でしたから、「転職をする」など、考えられないことでした。会社に対する裏切り行為ですし、社会人としても無責任な行為とみなされました。

ですから、私も当たり前のように、定年まで勤め上げるものだと思っていました。

「瞑想」によって、変化を感じていたけれど、同じ会社に勤め続けるのだ、ということを疑ってもいませんでした。

そんな私のもとに、なんと、ヘッドハンターから接触があったのです。外資系企業の日本支社のトップになる人物を探している、ということでした。転職がタブーであった時代に、そんなことが自分の身の上に起こることなど、まったく想像していませんでした。

三十代で始めた「黙想」、四十代で出会った「瞑想」のおかげで、私は当時の勤務先でそれなりの評価を得ており、自分のポジションに何の不満も持っていませんでした。ですから、このときのお話はお断りしたのですが、ヘッドハンターの出現が、私に自分の人生を考え直すきっかけを与えたのです。

「自分の人生はこのままでいいのだろうか？」と。

何の不満も持たずにいたけれど、それは、単に井の中の蛙だからではないか？

もっと違う人生、違う可能性があるのではないか？

そんな思いを抱くようになったのです。

「私は、私が願っている人生を送っているのだろうか？」

長年、サラリーマンとして「滅私奉公が当たり前」の人生を歩んできた私にとって、こんな思いを抱いたこと自体、晴天の霹靂でした。

未来が見えない現代社会で三十代を過ごしている人たちからしてみれば、私のこんな悩みは「贅沢だ」と感じることと思います。そう、確かに、贅沢な悩みです。

現状に何の不満も不安もない。

なのに、「自分の人生はこれでよいのだろうか？」と思うなんて。

けれど、見方を変えると、何の不安も不満もない境遇にあったとしても、人は自分の人生に疑問を持つ、ということもあると思うのです。

恵まれた境遇にいた私でさえ、「このままでは、自分は後悔するのではないか？」と感じたのです。

つまり、**人は本心から望んでいないことをしている限り、こうした思いを抱く、**ということではないかと思うのです。

混沌とした現代に三十代、四十代という年齢で生きている人たちが、「このままでいいのだろうか？」という不安を感じるのは、当たり前です。

けれど、「心から望んでいること」をそういう人たちが「実行」できていればどうなるでしょうか？

時代の流れや社会状況に左右されることなく、自分を信じて生きることができる。

振り返ると、「瞑想」はこのことを私に教えてくれたのだと思うのです。

自分を「騙していられない」とビジネススクール留学を決意

「このままでいいのだろうか?」とモヤモヤした思いを抱えつつも、私はサラリーマン生活を続けていました。

なぜならば、「どうすれば、モヤモヤが解決できるのか?」がわからなかったからです。

わからない以上、そのことにとらわれるのではなく、とりあえず「流す」こと。

「瞑想」でそのことを学んでいた私は、「モヤモヤ」と共存しながら、数年間を過ごしました。

そしてきっかけは四十五歳の頃にやってきました。

ある人が、ハーバード大学のビジネススクールのＡＭＰ留学をした、という話を聞いたのです。

これは、社会人としての経験を経た人が、経営者としてのスキルを学ぶために三ヶ月間、ほぼ缶詰状態になって勉強をする、というものです。

当時の私の勤務先には、この留学制度はなく、私はまずは会社の了解を得る、というところから始めなくてはなりませんでした。

当然、社からは反対されました。

「三ヶ月とはいえ、留守にしていたら帰国してからの君のポストはない」

というようなことも言われました。

「会社が理解してくれなければ、辞めて留学すればいい」

という思いもよぎりましたが、「辞めて留学してしまったら、これから社内の後輩たちがこの留学をしたいと願ったときの道が閉ざされてしまう」と考え、会社に理解をしてもらって、留学する、という目標を立てました。

会社に説得を続けてようやく了解を得たとき、私は五十歳になっていました。

社内での出世だけを考えていれば、留学などしなくてもよかった。

自分の人生の充実だけを考えていれば、退職して留学すれば、もっと早く道は開けた。

けれど、私はどうしても、この「会社の了解を得て留学する」という形にこだわりました。「よい前例にしなくてはならない」という思いがあったのです。

なぜ、この様に思ったのかは今でもわかりません。

でも、これは、「瞑想」をしていたからこその決断だったと思うのです。

「望む人生」が明確になる

会社人間として生きてきた私に訪れた変化は、ビジネススクールへの留学だけではありませんでした。

帰国後の私は、幸いなことにポストを失うことなく、仕事に戻れ、留学で身に付けた知識を活かして経営に携わる仕事をしました。

そんなとき、私はある出来事に遭遇しました。

私と仕事をともにしていた上司が、突然、更迭されたのです。

このことが、会社人間として生きてきた私に、疑問を投げかけました。

「このまま、定年退職まで勤め上げる、それでいいのだろうか？」

という疑問です。

そして、

「しかるべき時期がきたら退職しよう。そして、零細企業でいいから、自分で起業し、自分の意思で仕事をしよう」

と思い至ったのです。

その結論を得て実感したのは、「これこそが、私が本当に望んでいた人生なのだ」ということでした。

会社人間であることがよしとされた時代に会社員として生きてきた。

だから、「独立起業」などということを思いつきもしなかった。

けれど、本心では「自分の意思でビジネスをしたい」という思いが強くあったのです。

終身雇用、年功序列が保証されていたとはいえ、その反面、勤務していた会社には社内政治というものも存在しました。

ドロドロとした社内政治。それが、私にとって大変な負担となっていたのです。

けれど、「会社員である以上、仕方がない」と思っていた。出世すればするほど、仕事における社内政治の割合は増してゆきます。

本来の私は、こうしたドロドロを渡り歩いてゆくことを非常に苦手としていたのです。

単に、「仕方がないこと」だと思って受け入れていただけにすぎなかった、そのことに気付いたのです。

自分の意思でビジネスをする、自分が決定権を持つ、ということは、社内政治からの解放も意味しています。

「よい、と思ったことでも、社内政治をしくじれば実行できない」

つまり、社内政治ありきで進んでいる大企業での仕事ではなく、もっとシンプルな発想で仕事をしたい、と思っていたのです。

三十年勤め続けた会社を辞める。

こんな大決断をするのにも、「瞑想」が助けになりました。

本格的に「瞑想」を学んでいた私は、退職の決定をする頃には、さらに上級の瞑想プログラムのコースを受講していました。

人生の大決断を何の迷いもなく実行できたのは、「瞑想」のおかげだと思います。さらに、その後の私の転職、起業にもたらされた「幸運」も「瞑想」抜きには語れない、と思っています。

「望む人生」への思い込み

私自身が、予想もしていなかった「望み」を発見した経験から、**いかに人は自分の本音を包み隠して生きているのか**、ということを思い知りました。

家族がいるから。

生活をしていかなくてはいけないから。

多くの人がこうした現実を受け止めて、その上で人生設計をしていると思います。

でも、どうしても気持ちがスッキリしない。

「家族の生活を支えるためには、働かなくてはならない」と頭では割り切っていても、気持ちがついてゆかない。

この**「〜しなくてはならない」という思いと、本心にギャップがあるから、人生を苦しく感じてしまう**のです。ギャップが大きくなればなるほど、その苦しみは深いものになるでしょう。

「瞑想」は私にとって、このギャップとうまく折り合いをつけつつ、仕舞いにはギャップを埋めていけるように導いてくれるように思います。

つまり、自分の中で矛盾している感情に、折り合いをつけることができたわけです。

しかも、またとない好機に、決断・行動ができるようになっていたため、幸運な転機を迎えることができました。

若い人と話していると、「もういい年だから」という発言をする人がいますが、たとえば三十五歳ならば私の半分ほどの年齢です。

私から見れば、「あなたたちの人生は、まだまだ先がある」わけですし、「人生の転機や変化はこれから先、いくらでも訪れる」と思います。

さらに、**若い人ほど「早く結果を得たい」という焦りに近い感情に突き動かされています**。残りの寿命を比べたら、私のほうがはるかに短いのに、「早くしなくては！」「早く、結果を出さねば！」という焦燥感は、私がビックリしてしまうほどに強い。

そんなに焦る必要はまるでないのです。

人にはそれぞれに**「時期」**というものがある。

「十年も仕事を続けてきたのに、結果が出ない」と嘆く青年もいますが、私など、三十年も会社員をして、ようやく「やりたいこと」に気付いたくらいなのです。

しかし、私の場合、「三十年間、会社員をやってきた」という事実が、その後の人生に味方してくれました。

まだ、**結果が出せない、という苦しい時期を過ごしている人は、「積むべき経験を経ていない」のではないかと思う**のです。

描いている夢が大きければ大きいほど、求められる経験値は大きくなります。

「まだ、結果が出せない」とたかだか数年ぐらいでくじけてしまうような精神力では、まだまだ、夢を叶えられない、だから、実現できていない、という見方もできなくもない。

「もう何年もやってきたのに、結果を出せていない」

「家族のために、頑張らなくてはならない」

というのは、単にあなた自身の「思い込み」であるともいえます。

家族はあなたが心身を壊してまで「家族のために」と頑張ってほしいと本当に思っているでしょうか?


ストレスにまみれていると、こうした大切なことを見失いがちになります。


そして、「よかれと思って」行動したことが、裏目に出るように感じてしまう。

だからこそ、**「自分の本心」を知ることが必要**なのだと私は思います。

第5章

ビジネスマンにこそ体験してもらいたい「瞑想」の素晴らしさ

藤井式瞑想術のススメ

私は、会社員生活が激務となってきた三十代のころから、この本で紹介した黙想を始めました。いろいろな効果を感じましたが、もっと潜在意識に訴える方法はないかと模索を続けました。

学生時代に読んだフロイトやユングなどの精神分析理論や、ナポレオン・ヒルの成功哲学も引っ張り出してみました。

禅にも興味を持ち、本格的にトライしてみたのも黙想を始めて数年経った頃でした。ビジネスマンとして欧州から帰国した際には、中村天風の「心身統一法」にも触れました。

そして、禅や瞑想の根底には、「呼吸法」が存在していることに気がついたのです。丹田呼吸法、腹式呼吸法など、人は「呼吸」で「心身」をコントロールしていて、この二つは非常に深く関係しています。

たとえば、大きな不安やストレスを感じたとします。するとその人の脳波は乱れると同時に、呼吸も荒くなっていくと言われていますが、このとき、逆に呼吸をゆっくり行なうよう意識すると、なんと、脳波は落ち着きを取り戻すというものです。

このことを知った私は、自身の黙想術を一歩進め、「藤井式瞑想術」を生み出したのです。

この瞑想術は、現在私が行なっている、前章でも少し触れた「TM瞑想法」と出合う前に、実践をしていたものです。

この藤井式瞑想術も、黙想同様、とにかく騙されたと思ってやってみてほしいと思います。「瞑想なんて、怪しい」「宗教的な感じがして嫌だ」と感じる方も多いかと思いますが、本書を読んで自分一人で実践するだけですから何も心配はいりません。


方法はいたって簡単です。

まず、座ります。椅子でも床でも、ベッドの上でもどこでも大丈夫です。座り方も無理に座禅を組む必要はありません。ヒザや腰などに負担をかけずに座れる方法でOKです。

瞑想と同様背筋は伸ばすようにします。

①座ったら、静かに目をつむり、呼吸を整える。
②ゆっくりと呼吸することを意識しつつ、心の中で「ひと〜つ」、「ふた〜つ」と呼吸の回数を数える。「ひと〜つ」の「ひと〜」で息を吸い、「つ」でゆっくりと吐く。どち

図3　藤井式瞑想術のやり方

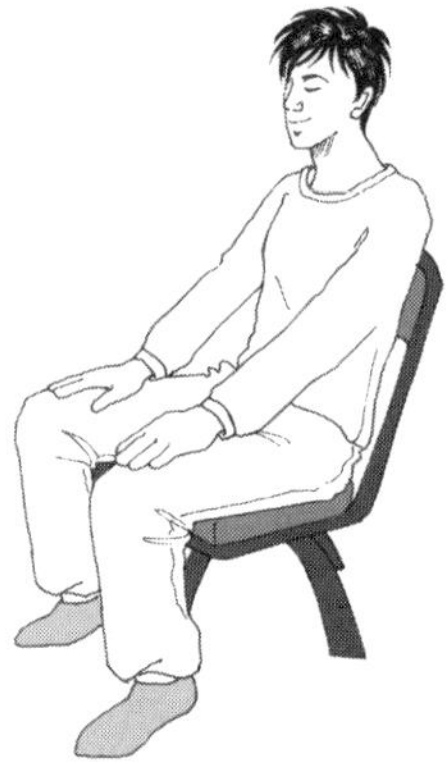

①黙想同様、楽な姿勢で背筋を伸ばして座る。場所はイスでも床でもベッドでも構わない。

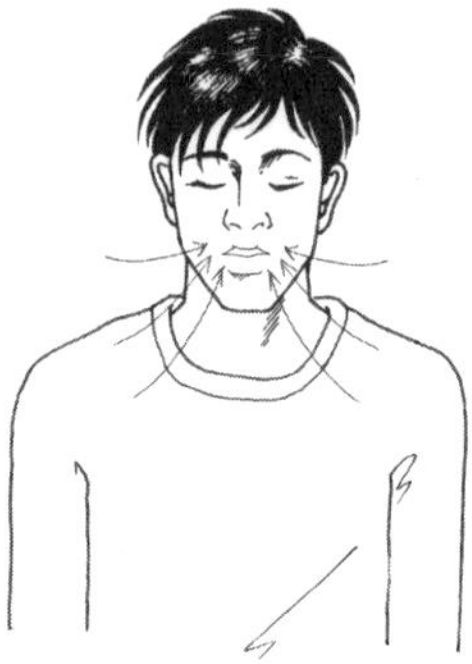

②心の中で「ひと〜つ」「ふた〜つ」と十まで数える。「ひと〜」で息を吸い。

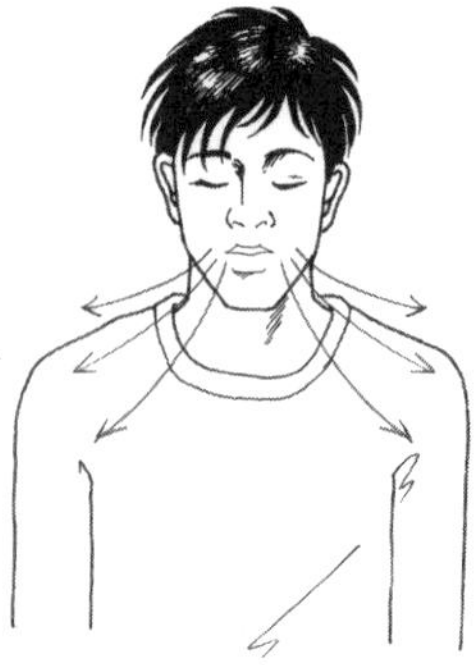

③「ひと〜つ」の「つ」でゆっくり息を吐くようにする。
十まで数えたらまた最初から数える。

④意識が遠くなっていく（空っぽにていく）感覚を感じたらその感覚にまかせ、数えるのをやめる。

⑤雑念が浮かんできても気にせず、浮かんでくるままにする。

⑥眠りにおちるような感覚があっても、逆らわないでその感覚にまかせるようにする。

⑦20分ほど経ったと思ったらゆっくり目をあける。2、3分ボンヤリしてからゆっくり立ち上がる。

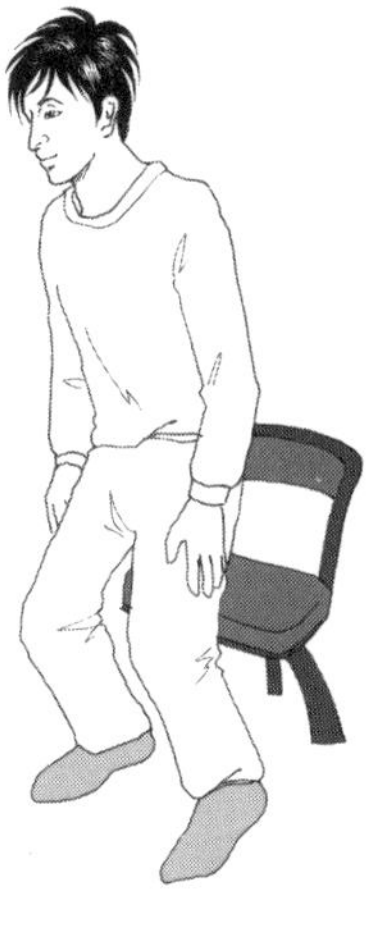

らかというと吐くほうが長くなるように意識する。「十」まで数えたら、また「ひとつ」に戻る。これを繰り返してゆくうちに、意識が遠くなるような感覚がしてきたら、無理に数えることはせずにスーッと心と頭の中を空っぽにしていくように意識する。

③いろいろな思考が浮かんでくるが、それらにとらわれずに、浮かぶがままにして、流す（雑念を流す方法については、後ほど説明します）。

④途中、意識が遠のくような感覚やガクッと眠りにおちるような感覚があった場合、そのまま身を任せる。瞑想状態に入るのは、ほんの一瞬でよい。

⑤体内時計にまかせて、二十分間が経ったと感じたら、ゆっくり目をあける。このとき、「まだ十分しか経っていない」こともあれば、「三十分も経ってしまった」ということもあるが、慣れてくると二十分が体でわかるようになってくるので気にしない。時間を計るために、とアラームをセットするのは避けること。

⑥二、三分間、そのままの姿勢でボンヤリしてから、立ち上がり、瞑想を終了する。

この瞑想を一日二回、朝晩、それぞれ二十分間、行なってみてください。

朝の瞑想はその日の睡眠不足を補い、すっきりとした目覚めをもたらすことを実感できるはずです。

夜の瞑想は、一日の疲れやストレスを癒やし、心地よいリラックス感を得られることでしょう。言うまでもなく、黙想と同じか、それ以上頭が「空っぽ」になる実感が得られるはずです。

「雑念を流す」ことが瞑想のコツ

瞑想が黙想と大きく違う点は、**「思考をしない」**ということです。「黙想」では頭の中で自分がやるべきことを整理したり、シミュレーションしたりしますが、「瞑想」では脳が深いリラクゼーション状態になり、これが脳の休息になります。この休息を得ることで、ストレスや睡眠不足からくる脳の疲労を解消するのです。

「そうはいっても、いろんなことが脳裏に浮かんでしまう」

という方も多いと思います。この脳裏に浮かぶさまざまな「雑念」を「流す」ことが、よりよい瞑想をするためには欠かせません。

けれど、この雑念は必ず浮かんでくるものです。どんな高僧でも、座禅中に雑念が浮かぶ、といいますので、「雑念が浮かぶなんて、自分はダメだ」と悲観することはありません。

浮かんでくる雑念は仕方ありません。雑念が浮かぶのを止めることはできませんので、浮かぶに任せてしまいましょう。ただ、浮かんできた雑念に「いちいち、付き合わない」ようにすればいいだけです。

例えば、朝の瞑想中に、

「明日の会議に必要な資料を作らなくちゃ」

と雑念が浮かんだとします。そこで、

「あの資料には、あのデータを入れて……」

という具合に、雑念に付き合ってあれこれと考え始めないこと。

「資料を作らなくちゃ」で終わりにしてしまうのです。

すると、また、次の雑念が浮かびます。

「昼休みに、この前、通販で買った商品の振り込みをしなくちゃ……」

そのときも、「でも、昼休みはコンビニのレジが混んでるからなあ」などと考えてはいけません。「振り込みしておこう」で流してしまうのです。

雑念が流せない日もある

どんなに瞑想に慣れている人でも、どうしても雑念が流せない日があります。そんな日があっても構いません。私も日によっては雑念がポンポンと浮かんでしまい、なかなか瞑想状態に入れないときが今もあります。そういうときも、

「なんで、瞑想状態に入れないんだ！」

などと深刻に考えないこと。脳はいまだに科学で解明できていないことがほとんど、というぐらいに複雑でデリケートなものです。雑念が浮かぶ理由など、誰にも分かりません。

「そういう日もあるさ」

と、雑念が多い自分を面白がるぐらいでちょうどいいのではないかと思います。

二十分の瞑想中、深い瞑想状態になるのはほんの一瞬であることがほとんどです。瞑想で大切なのは、「つねにパーフェクトを求めることはしない」ことです。真面目な人ほど、「早く完璧な瞑想をしたい！」と意気込んでしまいがちですが、それでは瞑想がストレスになってしまい、本末転倒です。

雑念は浮かぶに任せる。ただし、追いかけずに流すこと。「一度、カラダの外に追いやる」ようにしてください。

よりよい環境で瞑想する

瞑想中は感覚が鋭敏になります。そのため、音や匂い、明るさなど、普段は気にならないようなことが瞑想を邪魔することがあります。

例えば、時計が秒針を刻む音や、水道の蛇口から水がポトリ、ポトリと落ちる音など、普通に暮らしている分には気にならないような音が瞑想を邪魔することがあります。また、明るすぎるとか、食べ物や植物などの匂いで気が散ってしまうこともあるでしょう。

このようなことに気付いたら、瞑想を邪魔する音や匂いなどを取り除いた環境で瞑想をするようにしましょう。

また、先ほども説明しましたが、瞑想の時間を計るために、タイマーや目覚まし時計は使わないこと。

瞑想状態にあるときに、ベルや電子音が鳴ることでショック状態になることがあるからです。電話やメールの着信音やバイブレーションも然り。瞑想中は電源をオフにしておきましょう。また、不意の来客も好ましくありません。

こうした音に瞑想を邪魔されないためにも、瞑想は電話や来客のない時間帯に行なうようにしましょう。

のどが渇いた、トイレに行きたい、といった生理現象も瞑想状態に入ることを邪魔します。水分補給もトイレも瞑想前に済ませておきましょう。

「変化」を期待しない

瞑想によって得られる変化は人それぞれです。また、変化が表れる順番も人それぞれ。「瞑想をしたその日から、頭がクリアになった」という人もいれば、「初めて瞑想をした直後は、カラダの疲れをどっと自覚して、いかに自分が疲れていたかを思い知った」という感想を口にする人もいます。つまり、**どのような変化が訪れるのかは、人によって様々ということ**です。「自分にはどんな変化が起きるのだろう?」とワクワクするぐらいの気持ちで、「こうなりたい」「こうしたい」という具体的な希望を持たないでいることも、瞑想をするには大切なことです。

また、なかなか変化を実感できなかった、という人もいます。

瞑想は魔法ではありません。始めたその日から、奇蹟が起きるわけではありません。蓄積していた疲れやストレスが解消され、それによって頭が空っぽになり、必要なもの不要なものが明確になり、自分の本気の姿や、目指すべきものなどが見え、人間関係を含めたもろもろが変わり、仕事やプライベートなどもよい方向に変わってゆくのです。

「瞑想なんて、怪しくない?」と、懐疑的に始めた人ほど、不思議なもので、劇的な変化を期待して「何も起きない」と文句を言うのですが、それは当たり前です。また、始めたばかりの頃は雑念をうまく流せず、瞑想状態に入れないこともしばしばあります。

でも、車の運転も語学の習得も、何ごとも始めたらすぐにできるわけではありません。これは瞑想も同じです。徐々に上達してゆくものですし、瞑想による変化も少しずつ表れます。

まずは、毎日の日課にすることを当座の目標として、続けてみてください。

理想は一日二回。無理なときは一回でもOK

瞑想は朝晩、一日二回、それぞれ二十分間とお話ししましたが、多忙な現代において、それだけの時間を確保するのは難しいものです。私自身も、忙しいときは夜の瞑想ができないこともあります。それは仕方のないことですが、できるだけ朝の瞑想は欠かさないようにしています。朝の瞑想は睡眠不足を補い、一日をスッキリと始めることができるからです。

夜はどうしても、付き合いがあったり、その日のうちに処理しなくてはいけない仕事が急に発生したりして自分の時間を確保しにくいものですが、朝ならば誰にも邪魔されない時間を作りやすいもの。瞑想の時間の分だけ早起きをしてでも、自分の時間を捻出することをオススメしています。

「ただでさえ睡眠不足なのに、二十分も早起きしたくない」

と思う方も多いでしょうが、瞑想で得られる脳のリラクゼーションは睡眠時よりも深いので二十分間の睡眠以上の休息を得られますから安心してください。

また、瞑想を続けてゆくと、朝型のライフスタイルを無理なく定着させられるようになるので、「朝、一時間早く出勤できるようになり、集中して仕事ができるようになった」という人もいたりします。この人は「通勤ラッシュからも解放されたおかげで、電車の中でゆっくりと読書もできるようになりました」と言っていました。二十分の瞑想の習慣が、多くの時間を生み出したのです。

とはいえ、冬場は「寒くて布団から出るのがツラい」、「早起きをしても外はまだ真っ暗」であるため、快適に瞑想をスタートさせることができない人も少なくありません。季節に応じて柔軟に対応するようにしましょう。

「瞑想」を始めたら気を付けたい、「変化」とのバランス

瞑想を始めると、さまざまな変化が起こります。

「朝、パッと起きられるようになった」

「疲れにくくなった」

「アイディアが次々、浮かんでくるようになった」

というような人が多いのですが、中には、そんな変化に肉体がついてゆけなくて、瞑想を始めてからしばらくして、ダウンしてしまうケースがあります。

「ものすごく頭がクリアになって、集中力が増して、バリバリ仕事ができるようになったのですが……。一カ月ぐらい経った頃、高熱を出しました」

この人は、張り切りすぎて肉体を酷使したために熱を出したのだろう、と言っていたのですが、瞑想を始めたからといって体力までもが増強されるわけではありませんので、気を付けてください。

体力にあまり自信のない方は、瞑想と同時に体力をつけることも実践したほうがよいでしょう。とはいえ、いきなりスポーツジムに通って、というのでは、余計に体を疲れさせるおそれがあるので、次に紹介するエクササイズを瞑想とセットにして日課にしたり、意識的に歩くようにするなど、「できることから」少しずつ始めることをお勧めします。

また、瞑想によって仕事の能率が上がり、疲労感も減少したために、かえってハードワークになってしまう人もいます。

瞑想によって能率がアップしたならば、空いた時間は「余暇」として、読書をしたり、料理をしたりと、「今まで、やりたかったけれどできなかったこと」に充《あ》てるようにしたほうがよいと思います。

ほかにも「瞑想をして感覚が鋭くなったみたいです」と、「人ごみが苦手になった」という感想を伝えてくれた人もいました。詳しく話を聞いてみると、五感が研ぎ澄まされたのでしょう。街中の喧騒を今まで以上に敏感に感じるようになり、反対に、自然の中にいるときの心地よさを実感するようになったそうです。

五感の変化を感じる人は意外と多く、

「ジャンクフードが苦手になった」

「今まで使っていたシャンプーの香りが不快になった」

など、ケミカルなものを避けるようになる人も多いようです。

どのような変化が、いつごろ起きるか？　は人によって異なります。

そして、変化が起きる速度も人によって違います。ジワジワと時間をかけて「変わってゆく」こともあれば、いきなりの変化を感じることもある。そして、「どんな変化が起きるか」は予測できません。

ですので、起きた変化を「楽しむ」ような感覚で気軽に受け止めることをオススメします。「なんで、こうなるの？」と原因を追究しようとせず、「そうなんだ」とスルリと受け止める。「おもしろいな」と自分を観察するような気分がちょうどいいかもしれません。「匂いに敏感になった」というある人は、それまでも特段、自分の嗅覚に不自由を感じていたわ

図4　瞑想と合わせて行うエクササイズ例

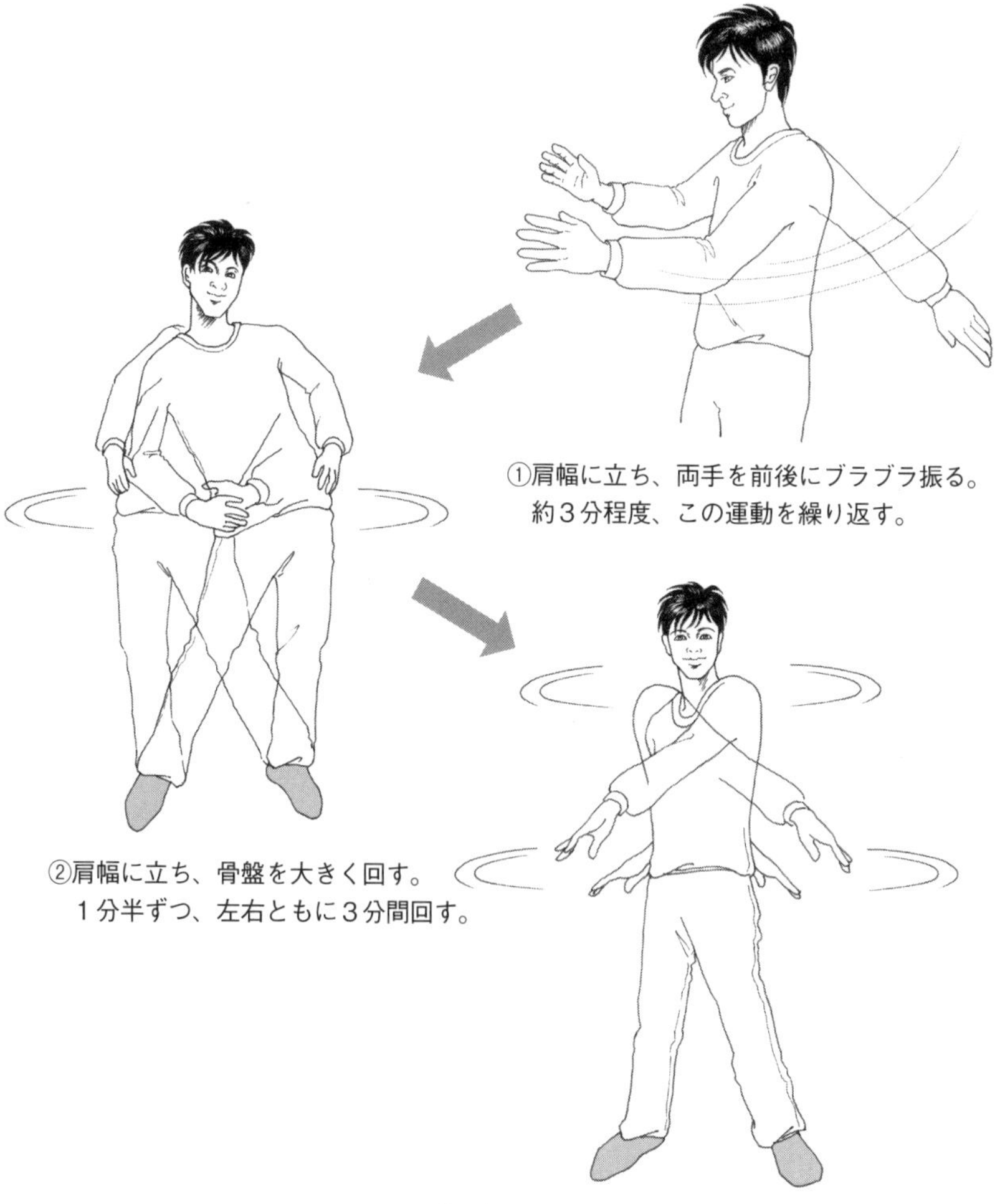

①肩幅に立ち、両手を前後にブラブラ振る。
約３分程度、この運動を繰り返す。

②肩幅に立ち、骨盤を大きく回す。
１分半ずつ、左右ともに３分間回す。

③肩幅に立ち、顔は正面を向いたまま両手＆背骨を約３分間ねじる。肩は平行のままでねじる。

けではありませんでした。ただ、敏感になったことで、

「春には春の香りがあるんだな、って気付きました」

と言っていました。春の香りを感じられるぐらいに、心に余裕が生まれたのでしょう。

こんな感じで、変化を楽しんでほしいな、と私は思います。

「空っぽ」になる心地よさ

物事や思考の整理や、内省の時間となる「黙想」よりも「瞑想」は「空っぽ」になることができる技術です。この「空っぽ」になった時間が、深いリラクゼーションとなり、休息となります。ですから、急な「変化」を求めるよりも、「リラックスする」「ストレスを解消する」といった、「自分の中に蓄積されていたマイナスのもの」「本当は不要なもの」を「外に出す」「手放す」ことを瞑想する意味として位置づけることが大切です。

「変化」はあくまでも「おまけ」であり、どんな「おまけ」かはわからない。

私の周囲には、私の勧めがきっかけで瞑想を始めた人がたくさんいますが、このぐらいの感覚でいる人が、もっとも上手に瞑想と付き合っているように感じます。ですから、「瞑

想をしなくては！」と生真面目に取り組む必要はありません。

瞑想を始めたものの、日課にならない、という人もいます。けれど、ストレスや疲労が溜まってくると、自然と瞑想をしようと思うのだそうです。

のどが乾くのは、肉体が水分補給を必要としているから、といいますが、そういう風に「瞑想をしよう」という体の声に耳を傾けられるようになった、というのも、「おまけ」としての変化の一つなのかもしれません。

ヴィジョンに振り回されない

瞑想中に雑念が浮かぶのと同じように、脳裏にヴィジョンが浮かぶ、という人がいます。するると、本人はもちろん、周囲の人も「スピリチュアルな出来事なのではないか？」と思ってしまうようですが、わりと多くの人にヴィジョン体験は起きますので、あまり気にしないでください。

「このヴィジョンは何かの予知なのでは？」

「何か意味があるのでは？」

と追いかけてしまいそうになりますが、これも一種の雑念ですので、追いかけずに流しましょう。

このヴィジョンについても、不思議なことに、スピリチュアルなことに懐疑的な人ほど、執着する傾向があるのですが、前にもお話ししたように、人間の脳はデリケートで複雑で解明されていないことがたくさんあるので、そういうことも起きるものです。

私も瞑想中に知人や友人がヴィジョンとして浮かぶことがあります。そんなとき、私は、瞑想終了後にそのヴィジョンが残っていれば、その人本人に連絡を取る、ということを習慣にしています。

これはスピリチュアルな意味ではありません。

ただの習慣です。とはいえ、この習慣は、よいことが多いように思います。

用もないのに連絡をするというのは、一般的には「申し訳ない」ような感覚で受け止められていますが、実際、相手はそういうメールや電話を受けると嬉しいものです。

「大した用事はないんだけどね、瞑想をしていたらあなたのことが浮かんだもので。元気かなあ？　と電話しました」

一分程度の短い通話ですが、それだけでなんとなく嬉しい気持ちになれるものです。それに、相手から

「連絡しようと思っていたんです。じつは……」

とビジネスの話を切り出されることもあったりして、そういうときは「電話をしてよかったなあ」と思いますが、もともと相手は私に連絡しようと思っていたのですから、いつか連絡は来たことでしょう。とはいえ、「しようと思っていた」矢先に相手から連絡が来るのは、以心伝心というような、嬉しい気分になる出来事です。

そんな風に、「元気？」という電話やメールを楽しめるのも、瞑想によって心に余裕を持てるからだと思うのです。

そして、その電話がよりよい関係のきっかけになったのは、「電話をかける心の余裕」がもたらした結果であった、ということではないでしょうか。

アイディアの活かし方

瞑想によって、心に余裕が生まれてくると、さまざまなアイディアが浮かぶようになります。そんなとき、どうしても、

「早くアイディアを形にしなくては！」

と気持ちが急《せ》いてしまいがちです。また、瞑想によって仕事の能率もアップしているので、どんどん進めることができたりします。

とくに、いままで疲労困憊のあまり、アイディア不足に悩んでいた人などは、アイディアが湧き出てくることに感動してしまいます。

けれど、それをすべてすぐに実行しようとすると、体には無理を強いることになりかねません。きっと「早くしなくてはアイディアの鮮度が失われる」という思いから、気持ちが急いてしまうのでしょうが、そんな心配はしなくても大丈夫です。

それよりも、いったん、紙に書き出し、冷静かつ具体的に形にすることをお勧めします。

というのも、瞑想によって頭がクリアになっている人とそうでない人の間には、さまざまなところで「温度差」が生まれるからです。

瞑想をしていない人、つまり、疲労困憊でストレスにまみれている人も一緒に仕事をしているわけですから、そういう人ともうまくやっていくためには、ちょうどいい速度で物事を進める必要があります。

例えるならば、瞑想をしている人は電動自転車に乗っているようなものです。普通の自転車に乗っている人に「もっと速くこいで！」というのは酷というもの。同じ力であっても、出せる速度がまったく違うことを常日頃から意識しておきましょう。

瞑想をしているある人は、瞑想を始めたばかりの頃、

「他の人の仕事が遅くて、もどかしくてたまらなかった」

と言っていました。「なんで、そんなに時間がかかるの！」とつい、イライラしてしまったのだそうです。

「瞑想をしているのに、イライラしちゃったんだ？」

と私が言うと、

「そうなんです」

と苦笑いしていましたが、さらに瞑想を続けるうちに、心に余裕が生まれてきてイライラすることもなくなってきたそうです。そして、瞑想を始める前には同僚の仕事ぶりをべつに「遅い」とも思っていなかったことに気付き、いかに自分が瞑想によってクリアになり、集中力や想像力が増したのかを思い知った、と言います。


このように、瞑想を始めることで、瞑想をしていない人との違いが出てくることも「変化」の一つですが、だからといって相手が劣っているわけではありません。

ただあなたが、本来持っている自分の力を瞑想によって引き出した結果、「違いが生まれた」だけのことです。

同僚や部下、後輩に、変化した自分に「ついてきてほしい」と思うのならば、彼らにも瞑想を勧めてみてください。

第6章

ビジネスマンとして得られた「瞑想」の効果

「瞑想」が自分の可能性を開く理由とは？

これまで、「黙想」そして「瞑想」についてお話ししてきました。すでに、実践された方もいることと思います。

よりよい「黙想」「瞑想」を実践するには、何よりも「期待をしすぎない」ことが大切です。現代人はとかく「成果」を求めがちですが、私を含め、長いこと瞑想を続けてきている人たちはみな、「とにかく、瞑想が心地よいから行なう」のであって、「仕事がスムーズに運ぶ」とか「風邪をひきにくくなった」とか、「集中力が増した」というのは副産物である、と受け止めています。そういうスタンスでいることが、瞑想を続けるコツであり、上手に生きるコツでもあるのではないか、と私は思っています。

私自身、瞑想を始めてからよい仕事に恵まれ、ハッピーな出来事が増えたと感じています。「運がよくなった」と心から思うほどです。でも、それは「幸運」に気付けるだけの心のゆとりが持てるようになったからだ、とも思っています。

そして、**「幸運」は連鎖するもの**でもあります。

Aさんは、とてもハッピーな状態にあったとします。その人の心にはゆとりがありますから、Bさんが困っているのを見かけたら、「自分にできることならば」と手を差し伸べることでしょう。

Aさんのサポートを受けたBさんは、ものすごく感謝します。なぜなら、Bさんは「自分ではできない」と思っていたから困っていたわけです。そこへ、救世主のようにAさんが現れ手を差し伸べてくれたのですから。

頭を悩ませていた問題が解決したBさんにも、心のゆとりが生まれます。Cさんが悩んでいる様子であることにもいち早く気付き、「どうしたの？」と声をかけました。おかげでCさんは悩みを相談することができ、Bさんのアドバイスによって問題は解決し、Cさんの心にもゆとりが生まれるようになりました……。

まるで、おとぎ話のようですが、実際の生活にもこのような「連鎖」がたくさん起こっているものです。仕事も、ある人にとっては無理難題であっても、その道に精通している人からしてみれば、「電話を一本かければ済むこと」だったりもします。けれど、仕事がうまく進まないのは、心の余裕を失っているために「誰に相談したらいいのか？」すらわからないから、ということがままあります。

つまり、「瞑想」とは自分の能力を呼び覚ます行為であり、その結果が自分とのかかわりのある人たちにも影響して、「よい循環」を生み出すといった、一つの「きっかけ」に過ぎないのです。

「TM瞑想法」について

自己流で瞑想をしていた私が、本格的に習い始めたのは、仕事で知り合った人から「ＴＭ瞑想法」を紹介してもらったことがきっかけでした。

「ＴＭ瞑想法」とは一九五八年、インドのマハリシ・マヘーシュ・ヨーギーによって、世に紹介され、翌一九五九年にアメリカに渡ったことをきっかけに、ヨーロッパ、アジアへと広まった瞑想法です。ＴＭとは、「トランセンデンタル・メディテーション」の略。誰でも無理することなく自然にできることや、現代のライフスタイルに合った方法であることから、多くの人に支持されてきました。

「瞑想」と聞くと、宗教的な印象を持つ人がとにかく多いのですが、ＴＭ瞑想法は宗教ではありません。『マハリシ総合研究所』という機関によって、瞑想を教えるセミナーなどを主催しているのですが、この研究所はどちらかというと、多くのデータの裏づけを持ち、科学的な側面が強いのです。そして、食事を制限したり、飲酒や喫煙を禁じることもなく、つまり禁欲的な生活を強いるわけでもありませんし、ごく普通の生活を営みながら続けられる方法を指導しています。

とはいえ、私が四十二歳でＴＭ瞑想法に出会ったときも、頭の片隅には「そうはいっても、なんらかの宗教的なものなのではないか？」という思いもありましたし、「モノは試しだ」くらいの軽い気持ちで取り組みました。私が興味を持ったのは、黙想を続けていたこと、そして黙想よりも心身の休息を得られる自己流の瞑想術も行なっていたので、直感で「やってみたい」と感じたからです。怪しげな雰囲気が少しでもしたらやめればいい、そのぐらいの気持ちでした。

結果としては「ＴＭ瞑想法」を体験してからは三十数年もの間、この瞑想法を続けてきています。自分でもまさかこんなに続けることになるとは思いませんでした。そして、続けてきた間に、様々な出来事を体験してきたのです。

多くの人を驚かす「リラックス感」

私の周りでは、私の影響で「ＴＭ瞑想法」を始めた人が多くいるのですが、ほとんどの人たちが、瞑想によって得た「リラックス感」に驚きます。

これは、瞑想によって脳が睡眠時以上の深い休息を得ることからもたらされるのですが、

「こんなにリラックスできたことは、記憶の限り、初めてかもしれません」

「頭の中の霧がすうっと晴れたような感じです」

というような感想を話してくれる人が非常に多く、実際に、彼らの表情も瞑想を体験する前後では、素人目にもはっきりとわかるぐらいにスッキリとしています。

「ＴＭ瞑想法」では、瞑想体験者と非体験者の脳波や血圧、心拍数などを比較したデータを研究しているのですが、そのいずれもが、瞑想体験者のほうがよい数値を出しています。

また、瞑想中は血液中の乳酸値が減少するというデータもあり、乳酸値はストレスや筋肉の疲労によって値が上昇することから、瞑想中は筋肉がリラックスしていることを示してもいます。

このリラックス感を一度でも体験すると、「自分がいかにストレスにまみれて暮らしていたのか」という事実を思い知ることになるのです。よく、「一度、美味を味わってしまうと、舌が肥えてしまう」とか、「高級車に乗ると、車のランクを落とせなくなる」というようなことを言いますが、それと同じようなことが瞑想体験者にも起こります。**「瞑想によってリラックス感を味わってしまうと、ストレスフルだった以前の状態に戻りたくなくなる」**のです。

いつも、**イライラしていたり、何かしら心配事があるような状態で暮らしていると、次第にそれが「通常の状態」になってしまうもの**なのです。つまり体が慣れてしまうのです。もちろん、急激にストレス度がアップすれば、体も変調を来しますが、多くの人が長い歳月をかけて少しずつ、少しずつ、ストレスを溜め込んでいくものです。年齢を重ねることで増える責任や、社会情勢、経済情勢などの悪化によってジワジワと追い詰められていくのです。

私自身、「ＴＭ瞑想法」と出合うまで黙想や自己流の瞑想を続けていて、それなりにストレスの解消や仕事の効率アップといった変化を実感していましたが、それら以上の得《え》も言われぬリラックス感は、この上もない感覚でした。

心も体も、もちろん頭も「空っぽ」になり、ごちゃごちゃとしていたものを一気に外に

押しやってしまうと、

「なんで、こんなものを大切に取っておいたのだろう？」

と思うような悩みや不安の多いことに驚かされます。

人の悩み相談を受けているときに、

「そんなことで悩んでもしょうがないのに」

「解決方法がわかっているのに、どうしてこの人はそれをしないのだろう？」

などと感じることがあるものですが、「TM瞑想法」を体験したときも、私はまさに、
そういった感想を自分自身に対して抱いたのでした。

ある人などは、TM瞑想法を体験した後で、それまで相当深刻に思えていた問題が、

「どうでもいいじゃない、って思ってしまった」

と笑っていました。

「悩んでいたことがバカバカしく思えてきて。『とりあえず、生きているわけだし。元気で生きていればなんとかなるでしょ』って思ってしまったんです。開き直っちゃったんですね」とまで言い切っていました。

そして、不思議なことに、開き直ってから、それまで数ヶ月も頭を悩ませていたその問題がスルスルと解決していったのだそうです。

「自分からは何も行動しなかったのですが、揉めていた相手から解決の糸口を提案されて。それで、円満解決したんです。今、振り返ると、私自身が自分で問題を複雑にしていたんだなあ、って思います。だから『どうでもいいじゃない』って手放したことで、問題の解決方法がものすごくシンプルになったんでしょうね」

結果的に数ヶ月間悩んだものの、「ラッキーだったと思う」という結末を手にすることができた、とこの人は言います。

この話を聞いたとき、**「リラックスする」ということがいかに大切か**、ということ、また、**ストレスを溜め込んでいる状態がいかに本人に悪影響を及ぼすのか**、ということを私自身も痛感しました。

リラックスしていることこそ、仕事の幸運を招くもの

前述したように、瞑想によってリラックスしたことがきっかけとなって、日常生活がガラリと変わった、という人は少なくありません。とくに、仕事をしている人のほとんどが、「以前よりもよい仕事が来るようになった」

「やりたいことがわかった」

と口を揃えます。

「いくら『こういうことをやりたい』と会社に企画書を出しても、通らなければ実現はできません。でも、瞑想を始めてから企画がどんどん通るようになったんです」

「『こんな仕事がやりたいなあ』と思っていた仕事が舞い込むようになって。ひとつの仕事を完成させれば、それが前例となって次を呼ぶのはわかっているのですが、それでも、次から次へと依頼がくるようになって不思議でなりません」

こんな風に紹介するとまるで「瞑想のおかげで魔法がかかったかのよう」ですが、これもリラックスによって一度頭が「空っぽ」になったからこそ、チャンスをつかみ取れた結果なのです。

瞑想をして「空っぽ」になると、自分にとって大切ではないものをいつまでも握り締めていたことに気付かされます。**机の引き出しを一度、ひっくり返して「空」にしてから、中身を元に戻すとき、必ずと言っていいほど、「なんで、こんなものを取っておいたんだろう」と失笑するようなものが出てくるもの**です。それと同じようなことが、瞑想によって起こるわけです。

それは、仕事であったり、地位であったり、人間関係であったり、とさまざまですが、**「大**

切にしなくてはいけない」という思い込みで握り締め、それを守ることに必死になっていただけ、ということも多々あるものです。

瞑想を習慣化してゆくのは、机の引き出しをひっくり返して「空」にして、中身をまた元に戻す、という作業を繰り返すようなものです。そうこうしているうちに、**自分にとって必要なこと、大切なこと、そして自分がなすべきことがはっきりと見えるようになってきます**。

雑多な情報の中から、「必要な情報」だけを選択し、その他は捨てることができるようになる。すると、次第に**仕事の内容や質、そして人間関係も整理され、「自分にとって必要なもの」だけが残るようになる**のです。

こうして「残ったもの」は毎日整理整頓されて、つねに「どこにあるのか」が明確になってきます。だから、

「この企画書には、こういう情報を盛り込もう」
「この仕事を手にするためには、こんなプレゼンがいいだろう」

ということがはっきりして、無駄のない情報を提案できるようになるのです。その結果、手にしたかった仕事、やりたかった仕事を得られるようになる。

もちろん、その提案をした人は瞑想によってリラックスしているわけですから、他人に

与える印象もすこぶる良好なわけです。そんな人のもとに、「よい仕事」「よい人間関係」が集まってこないはずがありません。

「若返り」「健康維持」というメリット

『マハリシ総合研究所』の瞑想に関する科学的データには興味深いものも多く、「若返り」と「健康維持」には多くの人が惹き付けられます。

「本当に瞑想で若返るのですか？」

と聞かれますが、私の実年齢を聞くとみなさん、納得してくださいます。

「健康維持」についても然りです。私ぐらいの年齢になれば、あちこちガタがきてもおかしくないものですが、腰痛もなく、風邪もひかず、三十代の人よりも健康かもしれない、というぐらい、健康です。

もともと健康体なのか？　といえば、そうでもありません。モーレッサラリーマン時代、ストレスにまみれて仕事をしていた頃は、腰痛や肩こりは当たり前。電車に乗ると真っ先に空席を探していましたし、胃腸もかなり弱かった。風邪もしょっちゅうひいていました。

それが、瞑想を始めてからはまったくそれらがなくなり、四十代、五十代、六十代と年齢を重ねても健康を維持することができています。

瞑想をしているため、血圧や心拍数が安定していることもあるのでしょうが、「イライラする」ということもほとんどなくなりました。自分でも「のんきすぎるのではないか？」と思うぐらいのんきですが、そうなってみて思ったのは、「イライラしたところで、何も事態は好転しないのだから、イライラするだけ損だなぁ」ということでした。例えば、とても混んでいる銀行で、なかなか順番が回ってこないときに、イライラして銀行の係の人に文句を言ったからといって、順番は回ってきません。文句を言うことで待っているほかの人たちにも不快な思いをさせ、その場の空気を悪くするだけです。「座って黙想でもしていよう」と目をつぶってじっとしていれば、じきに順番はやってくる、そんな風に日常の些細なことでも感情を荒立てることがなくなったことが、私の健康の秘訣なのではないか、と思っています。

そして、私ぐらいの年齢になると、無闇にイライラしたりしないことで「人格者だ」と思ってもらえるようになります。三十代ぐらいの方でも、感情がいつも穏やかでいたほうが、仕事もプライベートも充実させられるのではないでしょうか？

そうしたことが「若返り」であり、「健康維持」にもつながってくるのだと思います。

「ラッキー」と「アンラッキー」のとらえ方

瞑想でストレスから解放されたことで、「起きる出来事」のとらえ方も変わってきました。例えば、ゴルフに行く予定だった日があいにくの悪天候で中止となったとき。

「せっかくのレジャーの予定がだいなしだ」

とガッカリして、一日ダラダラと過ごしてしまう人も多いことでしょう。

けれど、そんなとき私は

「残念だけど、溜まった仕事を片付ける時間が持てた」

と感じます。もともと、一日空けていたわけですし、仕事先にも「この日は終日、不在です」と伝えた上で予定を組んでいるわけで、電話や来客の予定もありませんから、ものすごく集中して仕事ができるわけです。

やらなくてはいけない仕事があるのに、ゴルフに出かけるよりは、スッキリと片付けてからゴルフに行ったほうが楽しいに決まっています。結局、「仕事を終えた状態でゴルフを楽しめる」ことになり、そうなると「あの日、雨が降ってよかったなあ」と思うわけです。

このように、なにかが起きたそのときは、**「なんてツイてないんだろう」と思うような出来事でも、後々考えると、「結果的によかった」というケースは多々あります。**取引がキャンセルになって、そのときはショックを受けたけれど、数ヶ月後、その取引先が倒産した、なんてことも、「後で考えたら、なんてラッキーだったんだ」という出来事です。

今、目の前で起きている「アンラッキー」な出来事は、もっと大きな「ラッキー」の前触れなのかもしれない……。すべての出来事が「ラッキー」に転ずるとは限りませんが、それでもクヨクヨせずに気持ちを切り替えることができれば、無駄な時間を過ごす必要もなくなります。

そんな風に考えられるようになると、ストレスの原因がごっそりとなくなり、ストレスを感じずに暮らせるようになることでしょう。

「瞑想」と「ストレス」の関係

「瞑想」によって深い休息が得られることで、リラックスできるとお話ししてきましたが、前述したように「瞑想」を続けることによって、「ストレス」自体が軽減されてくる、という側面もあります。

例えるならば、**「毎日がゴミの日」というような状態になれる**のです。

毎日、ゴミを捨てることができれば、ゴミは溜まりませんので、ゴミ箱は「空っぽ」です。

さらに、自宅に持ち込む「ゴミになるもの」を減らすことで、ゴミそのものの量も減ってくる。

減ってきたゴミも、毎日、捨てることができる上に、量が減ってきたので、捨てる手間もどんどん少なくなってくる。

これまで、ゴミに対して費やしてきた労力を「自分のための時間」にあてることができるようになる。

もともと、ゴミの量が少ないので、一日ぐらい捨て忘れても、大して溜まらない。

「瞑想」を続けることで、ストレスにおいても、自分の中でこのようないい循環ができるようになってくるのです。

「瞑想」とうまく付き合うために

私は「ＴＭ瞑想法」を「ＴＭ教師」と呼ばれる指導者の元でレクチャーを受けました。その後も、何かとＴＭ教師の先生にはお世話になってきました。「瞑想」による変化や戸惑いが生じたときも、ＴＭ教師に質問することができました。

とはいえ、本書を読んで一人で瞑想を実践するときには、こうした指導を受けられませんので、私や他の瞑想体験者の経験から、助言しておきたいことをお話ししておきます。

まず、「無理をしない」ことです。

「瞑想をするために、○時には帰宅しなくては！」

というように、真面目な人ほど考えてしまいがちなのですが、それでは瞑想が負担になってきます。「できない日があってもいい」のです。また、なかなか習慣化できない人もいますが、それもよし。自分のペースで構わないので、大切なことは「続けること」です。

瞑想を体験した人の中には、五感が研ぎ澄まされすぎてしまい、「人ごみが苦手になった」という人がいました。とはいえ、この人は都会で暮らしているため、完璧に人ごみを避けて歩くことはできません。ちょうど真夏ということもあり、暑い日に人ごみの中を歩くのはかなりしんどかったそうで、しばし、瞑想を中断していたそうです。

秋口になって、涼しい風が吹くころに瞑想を再開したそうですが、

「夏のころは、雑踏の中にいると人の声の渦に巻き込まれるような感じがしてしまって。暑さもあいまって、息苦しい感じがして。仕事帰りは、よく近所の神社の境内でボーっとしていたので、いっぱい蚊に刺されてしまいました」

と笑っていました。

また、ある人は「瞑想」によって仕事の能率がアップしたため、「仕事が面白くてたまらなくなってしまった」のだそうです。結局、以前よりもハードワークに陥ってしまい、肉体を酷使しすぎた結果、体が悲鳴を上げてしまいました。

この人のハードワークぶりは、健康自慢の私でさえも聞いただけで腰痛になりそうなぐらいのもので、体がついていかないのは当然だったのでしょう。結局彼は、

「能率が上がったからと言って仕事の量を増やすのではなく、仕事の質を高めることに時間を使えるようになりました」

と後日、知らせに来てくれました。

彼らに共通しているのは、ストレスにまみれている中でも、なんとかバランスを取れた

タイプだということです。ストレスの影響が多大である人ほど、「瞑想」によって得た「リラックス」とのギャップが大きく、身体に表れる変化も大きいのかもしれません。

ほかにも、「ダムが決壊したみたいに感情が噴出して泣いたり笑ったりで大変でした」という女性もいましたし、「眠たくて眠たくて、時間が許す限り、ずっと眠ってばかりいた」という人も。

このような変化があったときは、「瞑想」を二日に一度にするなどして、様子を見ながら体をなじませてゆくようにしたほうがよいかもしれません。

「瞑想」のある暮らし

三十年もの間、私は瞑想を日課としてきましたが、「『瞑想』のある暮らし」も人それぞれです。ライフスタイルや仕事の環境によっても、瞑想ができる「場所」と「時間」の確保の仕方も変わりますし、家族の有無によっても違ってくるでしょう。

「こうしなくてはならない」という決まったスタイルはないので、可能な範囲で行なうようにすればよい、と私は考えています。

今を生きる人たちのほとんどが、ストレスにさらされ、ギリギリのところで頑張っているのだと私は思います。**心の余裕を失っている状態を自覚しつつ「このままじゃいけない」と思っているのにどうすることもできなくて、そのことがまたストレスになっているのではないでしょうか？**

一度、そのストレスを捨ててしまいましょう。「瞑想」のある暮らしは、それを可能にします。

経済的な困窮、将来への不安、肉体の疲労はすぐには解決できる問題ではありません。でも、**ストレスを捨てることはあなた次第でできること**なのです。

「問題が解決しなくては、ストレスも解消できない」という反感を覚えた方は、もう一度、最初から本書を読み直してみてください。きっとストレスが簡単に減らせることに気付くことでしょう。

「空っぽ」になることで、情報やストレスに振り回されていた「自分」を解放すること、そして自分らしい、自分が本当に望む人生を手にすることが何よりも大切なのです。

ストレスを捨てて「大切なもの」を見極めてみましょう。

イライラ、カリカリの原因はほとんど「大したこと」ではありませんよね？

「大切にしなくては」と握り締めていたことは、本当はそれほど大事なものではなかったのではないでしょうか？

「空っぽ」になったところで、周囲を見回してください。

あなたにとって、本当に大切なものが何か、あなたがやるべきことは何かに気付くことでしょう。あとは、それを目指していけばいいのです。


「お金がない」

「仕事がツラい」

「体調が悪い」

「恋愛がうまくいかない」

「家族仲が悪い」

「職場の人間関係に悩んでいる」

大体このようなことが原因となって、あなたを疲弊させているのだと思います。

まずは、溜まった「ストレス」だけを捨ててしまいましょう。

キレイになった状態で、もう一度、直面している問題を見つめなおしてみてください。

なぜ、そんな状態になっているのかが見えてくるはずです。

もしかしたら、「お金がない」のではなく、「お金のかかる生活をしている」ことが問題なのではないか？　そんな風に、見え方が変わってくることでしょう。

最後になりましたが、三十代以降の疲れきっているみなさんへ。
黙想や瞑想を通して、一度、「空っぽ」になって、本当の「自分」を見つけ出してみてください。
あなたの周りには、きっと今よりも素晴らしい世界が広がっているはずです。そして、
あなたが変わらない限り、あなたの周囲の世界が変わることはありません。

追記

最後に混乱を避けるために、お伝えしておきたいことがあります。お気付きの方もいらっしゃると思いますが、この本で取り上げられている「瞑想」には二種類あるということです。一つは、黙想術をマスターしたあとに、数年間私が行なっていた「藤井式瞑想術」であり、もう一つは今現在私が行なっている「ＴＭ瞑想法」です。この二つの違いは、後者のほうが、その効果がよりアップしたものと思っていただければ差し支えありません。

この本のメインテーマである藤井式黙想術をマスターした方には、藤井式瞑想術もぜひ試してもらいたいと思います。

ＴＭ瞑想法については、それを教える専門の機関があるので、本書でその方法を紹介することはできませんが、もし瞑想の世界をさらに探求したい方は、きちんと有資格者から学んで欲しいと思います。

これら一連の瞑想についての講演や、ワークショップなどをご希望の方、瞑想の世界についてもっと知りたい方は fujii@gangasoken.jp までメールをくだされば、ご相談に応じます。もちろん、ＴＭ瞑想法のご案内も簡単ながら致します。

【参考文献】

◆『仕事で疲れたら、瞑想しよう。』（藤井義彦　ソフトバンク新書）
◆『始めよう。瞑想』（宝彩有菜　光文社知恵の森文庫）
◆『短く深く眠る法』（藤本憲幸　三笠書房）
◆『参禅入門』（大森曹玄　講談社学術文庫）
◆『瞑想健康法入門』（児玉和夫　ゴマブックス）
◆『ＴＭ瞑想法がよくわかる本』（マハリシ総合研究所　ダイヤモンド社）
◆『新訳超越瞑想入門』（マハリシ・マヘッシュ・ヨーギ　読売新聞社）
◆『瞑想のススメ』（山田孝男　総合法令出版）
◆『瞑想の生理学』（ロバート・キース・ワレス　日経サイエンス社）
◆『瞑想クイック・マニュアル』（地橋秀雄　春秋社）
◆『自分を変える気づきの瞑想法』（アルボムッレ　スマナサーラ サンガ）
◆『瞑想で始める しあわせ浄化生活』（宝彩有菜　毎日コミュニケーションズ）

藤井義彦（ふじい・よしひこ）

神戸市生まれ。米スタンフォード大学、慶應大学経済学部卒業。1965年鐘紡株式会社入社。1990年ハーバード大学ビジネススクールAMP（上級マネジメントプログラム）修了。1995年鐘紡退社。株式会社イメリスミネラルズ・ジャパン代表取締役を経て、慶応大学大学院経営管理研究科（ビジネススクール）特別研究教授（2004-2007）。現西北工業大学（中国・西安市）、文京学院大学大学院客員教授、及び筑波大学大学院非常勤講師。英国国立ウェールズ大学MBAプログラム・アカデミックディレクター。SNAコーチング協会パートナー。およびGRI（ガンガー総合研究所、エグゼクティブ・コーチ＆コンサル会社）代表取締役。最近はエグゼクティブ・コーチングに専念している。
著書に『できるビジネスマンは瞑想をする』『経営者格差』（PHP研究所）、『仕事に疲れたら、瞑想しよう。』（ソフトバンククリエイティブ）などがある。

Nanaブックス
0089

頭を「空っぽ」にする技術
「考えない時間」がいい仕事を生む!

2010年6月2日　初版第1刷発行

著　者——藤井義彦
発行者——福西七重
発行所——株式会社ナナ・コーポレート・コミュニケーション
〒160-0022
東京都新宿区新宿1-26-6 新宿加藤ビルディング5F
TEL　03-5312-7473
FAX　03-5312-7476
URL　http://www.nana-cc.com
※Nanaブックスは（株）ナナ・コーポレート・コミュニケーションの出版ブランドです

印刷・製本—シナノ書籍印刷株式会社（平野竜太郎・小林和幸）
用紙——株式会社邦友（荒井聰）

編集人——吉積倫乃
営　業——豊田健一、古屋薫、花木東子
販　売——中嶋みゆき、張月華

ISBN 978-4-904899-00-7 C0030